절대 실패하지 않는 **초보불패 창업전략**

지 은 이 | 여철환
펴 낸 이 | 김원중

편   집 | 심현정, 김현정
디 자 인 | 민순홍
마 케 팅 | 이상민, 배병철
제   작 | 허석기
관   리 | 김선경

초판인쇄 | 2010년 1월 27일
초판발행 | 2010년 2월 5일

출판등록 | 제301-1991-6호(1991.7.16)

펴 낸 곳 | (주)상상나무
　　　　　 도서출판 상상예찬
주   소 | 서울시 마포구 상수동 324-11
전   화 | (02)325-5191
팩   스 | (02)325-5008
홈페이지 | http://smbooks.com

ISBN   978-89-86089-28-8 03320

값 10,000원

초보불패 창업 전략

여철환 지음

상상예찬

책 머 리 에 …

전 세계적인 불황이 장기간 지속되고 있으며 국내 경기 또한 오랜 침체 속에 빠져 있습니다. 이러한 불황 지속은 조기 퇴직과 재취업난을 더욱 가중시키고 있으며, 이에 따라 자의반 타의반으로 생계유지를 위한 이른바 생계형 창업에 많은 사람들이 뛰어들게 하고 있습니다.

최근에는 취업난으로 젊은 층의 창업, 정년퇴직 후 제2인생의 시발점으로 창업하는 이른바 노년층의 실버 창업, 그리고 어려워지고 있는 가정 경제에 조금이나마 보탬이 되려는 주부층의 창업도 늘어나고 있는 추세입니다. 이러한 창업의 공통점은 대부분이 소자본 영세 창업이라는 것입니다. 적은 자본으로 창업이 가능한 소자본 창업 시장은 누구나 언제든지 창업할 수 있는 완전 경쟁 시장입니다. 따라서 경쟁은 치열할 수밖에 없으며, 이렇게 치열한 경쟁에서 살아남기 위해서는 경쟁력이 있어야 합니다.

요즘은 국내 굴지의 대형 점포뿐만 아니라 외국 업체의 점포와도 경쟁해야 하는 시대입니다. 이런 거대 점포와의 경쟁에서 이기기 위해서도 경쟁력의 확보는 필수입니다. 특히 자금력에서 뒤지는 소자본 창업자일수록 더욱더 경쟁력을 갖추도록 하여야 합니다. 경쟁력의 확보 없이는 성공 창업을 이룰 수 없기 때문입니다.

창업은 운 좋으면 성공하고 운 나쁘면 실패하는 것이 결코 아닙니다. 철저한 준비로써 경쟁력의 확보 및 지속적인 경쟁력의 우위 확보만이 성공 창업을 보장할 수 있는 것입니다. 따라서 예비 창업자는 창업 전에 창업 관련 서적이나 인테리어, 경영, 마케팅 등 관련 전문서적의 탐독, 창업 관련 전문가 또는 해당 분야 전문가의 지도·조언, 현재 운영 중인 우수한 점포의 벤치마킹 등을 통하여 경쟁력을 갖추기 위한 노력을 하여야 합니다.

요즘은 점점 가까운 거리 내에서 동일 업종 및 아이템의 점포 간의 경쟁도 점점 심해지고 있는 추세입니다. 점점 치열해지고 있는 점포 사업에서 성공 창업을 이루기 위해서는, 옛날같이 주먹구구식 창업을 하여서는 안 되는 것입니다. 예비 창업자는 경쟁력을 갖추기 위한 준비를 더욱더 철저히 하여야 합니다.

창업 준비가 잘되어 있어야, 시행착오가 적고 또한 성공 창업까지 시간과 비용도 절약할 수 있음을 잊어서는 안 됩니다. 물론 창업 후에도 경쟁력의 유지를 위해서, 24시간 오로지 점포만을 생각하여야 합니다. 창업은 누구나 할 수 있지만, 누구나 성공할 수 없기 때문입니다.

이 책은 점포형의 창업을 하였던 필자의 경험을 바탕으로, 예비 창업자가 실전에서 성공 창업을 이루는 데 초점을 맞춘 창업 서적입니다. 아무쪼록 이 책이 예비 창업자가 성공 창업을 이루는 데 조금이나마 보탬이 되었으면 하는 마음 간절합니다.

끝으로 미력한 저에게 늘 도움과 격려를 주시는 (주)한진화학 안성철 회장님, 안효철 부사장님, (주)신동페인트공업 신진영 사장님, (주)오성 ENG 박승부 사장님, 태양상사 신익형 사장님, 많은 지인 분들에게 진심으로 고마운 마음을 전합니다. 아울러 항상 많은 도움을 주시는 (주)한국산업안전컨설팅 박춘관 전무님께 특별히 감사를 드립니다. 그리고 병환 중인 아버지의 쾌유와 형제들과 가족분들의 행복을 빌며, 사랑하는 아내와 가족에게 고마운 마음을 전합니다.

영원히 사랑하는 어머니의 영전에 이 책을 바칩니다.

2010년 1월

여철환

Contents

Contents

STEP
1

창업 준비의 최우선 과제

요즘은 동일 업종 및 아이템의 경쟁 점포들이 가까운 거리에서, 생존을 위해 서로 치열한 경쟁을 하고 있다.
아무리 작은 점포라 하더라도 주먹구구식으로 창업을 하여서는 성공하기가 어려운 시대가 도래한 것이다. 따라서 예비 창업자는 점포형의 창업에 본격적으로 돌입하기 전에, 예비 창업자 자신과 주변 환경을 정확히 파악하고, 이에 맞는 창업을 철저히 준비하여야 한다.

몸과 마음부터 준비하자

스스로 선택하였건, 아니면 어쩔 수 없는 상황 때문에 창업을 선택하였건, 창업하기로 마음을 먹었다면 그 순간부터 창업 마인드를 새롭게 가져야 한다. 모든 일은 사람이 하는 것이므로, 하는 사람의 마음먹기에 따라 일이 잘되기도 하고 잘못 되기도 한다. 새롭게 시작하는 창업일수록 예비 창업자의 창업 마인드는 너무나도 중요하다.

창업 마인드는 창업하려는 예비 창업자가 창업 전에 반드시 지니고, 실천해야 하는 마인드이며 또한 창업 후에도 지니고 있어야 할 초심인 것이다. 창업 후 얼마 못 가서 창업자의 마인드, 즉 초심을 잊어버려서는 안 된다. 창업 전부터 사업 종료 시까지 간직하고 있어야 하는 것이 창업 마인드이다.

예전에 M 방송국에서 방영하였던 '신장개업'이라는 창업 관련 프로를 기억할 것이다. 이 프로는 사업이 부진하여 생활고에 시달리는 출연 사업자에게 성공의 재창업을 이루도록 도와주었다. 성공의 재창업을 위해 가장 먼저 메스를 가한 부분이 바로 사업자의 마인드이다. 사업자의 마인드는 사업의 성공과 실패를 좌우하기 때문이다. 경쟁 점포의 사업자보다 뒤지는 창업자 마인드로는 절대로 경쟁에서 이길 수 없으며, 또한 성공 창업을 이룰 수 없다.

마인드에서부터 경쟁자보다 앞서는 마인드를 가져야 비로소 성공 창업을 이룰 수 있다는 것을 잊어서는 안 된다.

긍정적 사고를 가져야 한다

어떤 일에 도전할 때에는 반드시 성공할 것이라는 긍정적 사고를 가져야 한다. 많은 예비 창업자들이 선뜻 창업을 하지 못하고 머뭇거리는 것은 물론 창업 성공에 대한 불안감도 있겠지만 실패할 수 있다는 부정적 사고를 갖고 있기 때문이다.

필자도 점포형의 사업을 창업하기 전에 일말의 불안감은 있었지만 성공할 수 있다는 자신감으로 창업을 했던 기억이 난다. 모든 일이 사람 마음먹기에 달려 있다고 하지 않는가. 잘될 수 있고, 잘될 것이라는 긍정적 사고야말로 성공 창업에 있어서 가장 중요한 요소이다.

1%의 부정적 사고는 99%의 긍정적 사고를 이긴다고 한다. 1%의 부정적 사고를 가져, 출발 시부터 성공의 자신감을 갖기는커녕 실패의 두려움을 가져서는 안 된다. 어떤 어려움도 이겨낼 수 있으며, 반드시 성공할 수 있다는 긍정적 사고는 예비 창업자가 반드시 가져야 할 마인드이다.

자기 자신을 낮추어야 한다

자금력이 좋은 일부 창업자인 경우, 사업은 돈으로 한다는 생각에 많은 돈을 들여서 창업하면 곧 성공을 이룰 것이라는 막연한 생각을 갖고 있다. 이러한 마인드로는 고객과 거리감을 좁힐 수 없으며, 또한 제대로 된 고객 서비스도 제공할 수 없다. 이렇게 해서는 고객에게 감동은커녕 만족도 줄 수 없다. 특히 남에게 대접 받기를 좋아하는 우리나라 사람들의 특성을 감안한다면 고객보다 높은 자세를 갖는 것은 성공 창업에 있어서 매우 치명적이다.

자신의 점포를 이용하는 고객에게 웃는 얼굴로 먼저 고개를 숙일 수 있는 자세가 필요하다. 특히 예비 창업자 중 높고 좋은 자리에 있었던 창업자일수록 더욱더 이러한 낮은 자세를 갖도록 먼저 자신을 변신시켜야 한다.

고객에게 항상 웃는 얼굴로 먼저 고개 숙이는 자세, 그것은 모든 점포 사업자에게 필요하며 또한 가장 큰 경쟁력의 자산이다. 그러므로 예비 창업자는 창업 전뿐만 아니라, 창업 후에도 항상 자기 자신을 낮추고, 웃는 얼굴로 고객을 대할 수 있도록 하여야 한다. 이러한 자세가 보다 더 자연스럽게 표현되면 될수록 남보다 더 경쟁력을 갖게 되는 것임을 잊어서는 안 된다.

24시간 사업을 생각하여야 한다

창업을 하려는 예비 창업자는 창업을 생각하는 순간부터 24시간 사업에 대하여 생각하여야 한다. 물론 사업 중에도 24시간 사업을 생각해야 함은 두말할 필요가 없다. 영업시간뿐만 아니라 영업시간 후에도 자나 깨나 사업을 생각해야 한다.

요즘은 거의 모든 업종 및 아이템에서 경쟁이 치열하다. 이렇게 치열한 경쟁에서 살아남아 성공을 하기 위해서는 남보다 더 많이 생각하고, 더 많이 움직여야 한다.

예비 창업자는 24시간도 부족하다는 생각이 들어야 한다. 창업 전에 보고, 배우고, 경험해야 할 일이 너무나도 많기 때문이다. 물론 현 점포형의 사업자에게도 마찬가지이다. 요즘은 예전과 다르게 다양한 사업 환경의 변화가 자주 일어나고 있다. 따라서 예비 창업자는 이를 항시 주시하고 또한 적절한 대처를 하여야 한다. 성공 창업을 이루기 위해서는, 24시간 사업에 대한 생각을 멈춰서는 안 된다.

열정과 욕망을 가져야 한다

사업을 하다 보면 많은 어려움이 따르기 마련이다. 거의 대부분의 성공한 사람들이 성공 전까지 많은 어려운 고비가 있었으나, 반드시 성공 창업을 이루겠다는 열정으로 극복하고 성공하였다. 따라서 예비 창업자는 끊임없이 자신을 열정적인 사람으로 다시 태어나도록 채찍질하여야 한다. 또한 욕망을 가져야 한다. 욕망이 없으면 열정도 식기 마련이다. 따라서 자신의 점포를 최고로 만든다는 욕망을 항상 간직하고 성공 창업을 위해 최선을 다하여야 한다.

창업 환경을 검토하라

예비 창업자는 창업하기 전에 창업할 여건이 제대로 되었는지 먼저 살펴보아야 한다. 창업할 수 있는 여건이 최적으로 조성되었을 때, 창업하는 것이 보다 성공적인 창업을 이룰 수 있기 때문이다. 어린 묘목을 아무 때나 심으면 제대로 된 나무로 성장하기 어렵듯이, 창업에 있어서도 창업의 환경이 제대로 조성되지 않았을 때 창업을 하여서는 성공 창업을 이루기가 어렵다. 예비 창업자는 창업 전에 자신과 주변의 창업 여건 등을 검토하는 작업을 하여야 한다. 창업 환경의 검토는 내부와 외부의 환경으로 나누어 실시하는 것이 바람직하다.

먼저 창업의 환경 중에서 내부의 환경에 대하여 알아보자. 내부의 환경은 예비 창업자 자신 그리고 가족 등의 여건이다.

건강, 체력의 확인

세상만사 모든 일이 건강해야 할 수 있는 것이다. 예비 창업자는 창업 전에 자신과 가족의 건강을 확인할 필요가 있다. 많은 점포형의 사업은 거의 매일 쉬지 않고 아침부터 밤늦게까지, 심지어 밤새워 일하는 중노동의 사업이기 때문이다. 따라서 건강하지 않으면 제대로 점포형의 사업을 이끌어갈 수 없다. 그만큼 점포형의 사업에서는 건강이 중요하다.

경우에 따라서는 가족의 건강을 고려해야 하는 경우도 종종 있다. 특히 가족의 노동을 필요로 하는 가족형 또는 노동집약형의 점포 사업을 창업하고자 하는 경우에는 가족의 건강을 확인할 필요가 있다. 또 점포형의 사업 중 일부 업종은 많은 체력을 요한다. 자기 체력을 간과하고 많은 체력을 요하는 업종에 의욕만 갖고 뛰어들었다가는 얼마 가지 못하고, 체력 부족 등으로 중도포기하는 경우도 생긴다. 그러므로 예비 창업가는 창업 전에 자신의 건강, 체력 등 몸 상태를 정확히 확인한 후, 창업의 시기와 업종 및 아이템 등을 선택하여야 한다.

가족의 동의, 그리고 동참 여부

가족들이 예비 창업자의 창업에 동의하는 때에 하는 것이 좋다. 점포형의 사업을 창업해서 사업을 이끌어가다 보면 가족의 이해와 협조 등이 필요한 경우가 종종 생기기 때문이다. 특히 가족형 또는 노동집약형의 점포 사업을 고려하고 있는 예비 창업자의 경우에는 가족의 동의는 물론 동참 가능 여부의 확인도 필요하다.

점포형의 사업에서 가족들의 동참은, 점포 운용 시에 일의 능률을 향상시키고 경비 절감 등을 가능토록 하여 성공적인 창업을 이루도록 해준다.

⋮⋮ 자금의 확인

창업의 필수요소 중 하나인 자금에 대하여 확인을 하여야 한다. 다른 사업과 마찬가지로 점포형의 사업에서도 자금은 매우 중요하기 때문이다. 동원 가능한 자금이 얼마인지 또한 부족한 자금은 어떻게 조달할 것인지 확인하여야 한다.

창업 자금 계획이 잘못된 경우에는, 창업 후 사업 내내 자금으로 인한 경영 압박을 받을 수 있으며, 자칫하면 자신의 사업을 제대로 펼치지도 못하고 접을 수도 있기 때문이다.

자금에 대한 보다 상세한 설명은 '자금'편에서 다루고자 한다.

⋮⋮ 각종 자격증의 활용 여부

예비 창업자는 창업 전에 자신이 보유하고 있는 자격증이 있는지, 또 있다면 점포형의 사업에서 활용할 수 있는지 등을 확인해 볼 필요가 있다. 자격증이 필요한 분야는 누구나 창업이 가능한 완전 경쟁 시장이 아니므로, 그만큼 경쟁도 덜 치열하며 따라서 성공 창업의 확률도 높기 때문이다. 따라서 창업을 고려하고 있는 예비 창업자는 창업 전에 자신이 보유한 자격증의 종류와 활용 가능성을 검토할 필요가 있다.

⠿ 각종 물품의 조달 확인

예비 창업자는 창업 후 사업을 진행하는 데 필요한 각종 물품의 조달을 확인하여야 한다. 물품의 조달 확인 시에는 필요한 물품을 제때에 공급받을 수 있는지, 또 공급받은 물품의 품질과 가격은 다른 경쟁 점포와 비교하여 어떠한지 등을 확인하여야 한다. 사업 중에 필요한 물품을 제때 공급받지 못하거나, 물품의 품질 및 가격이 다른 경쟁 점포보다 뒤떨어지게 공급을 받아서는 결코 성공 창업을 이룰 수 없기 때문이다.

외부 환경의 검토

지금은 전 세계가 한 울타리 안에 있는 것과 같다. 국내뿐만 아니라 전 세계의 모든 사건, 사고, 트렌드 등이 인터넷 등 정보 전달 매체의 발달과 비행기 등 각종 교통수단의 비약적 발달로 실시간으로 우리의 실생활에 영향을 미치고 있다.

따라서 예비 창업자뿐만 아니라, 현재 사업 중인 사업자도 끊임없이 변화하는 국내·국외의 외부 환경을 항시 주시하여야 한다. 이러한 외부 환경의 변화에 대한 검토도 없이 섣부르게 창업을 하였다가는, 성공 창업은 고사하고 제대로 된 사업 한번 못해보고 문을 닫을 수도 있기 때문이다. 따라서 창업 전에 외부 환경의 면밀한 검토는 창업의 시기와 업종 및 아이템의 올바른 선정 등 성공 창업을 위해서 반드시 필요한 것이다. 또 사업 중의 외부 환경에 대한 끊임없는 주시는 남보다 먼저 각종 정보의 습득을 가능케 하여, 보다 빠른 대처를 가능케 해준다. 이와 같은 남보다 빠른 대처는 경쟁력의 우위를 차지할 수 있게 해주므로, 창업 전이나 사업 중에도 성공을 위해서는 외부 환경의 변화를 한시도 등한시해서는 안 된다.

경기 상태의 확인

미국의 서브프라임 모기지 사태로 전 세계적인 불황이 지속되고 있다.

우리나라 또한 전 세계의 불황 여파로 장기간 침체에서 벗어나지 못하고 있는 형편이다. 이러한 불황은 모든 산업에 영향을 미치고 있으며, 특히 소규모 점포형의 사업에 많은 영향을 미치고 있다. 따라서 예비 창업자가 창업을 하고자 할 때에는 경기의 상태를 면밀히 검토할 필요가 있다. 경기의 상태를 잘 고려한 창업의 시기와 업종 및 아이템의 선정 등을 하여야 성공 창업을 이룰 수 있기 때문이다.

불황기와 호황기에 따라 잘되는 업종 및 아이템이 서로 다른 경우가 많다. 요즘 같은 불황기에는 실속형 또는 저가형 관련 업종 및 아이템으로 창업하거나, 경기에 비교적 덜 민감한 필수 소비형의 업종 및 아이템으로 창업하는 것이 바람직하다.

트렌드의 파악

예비 창업자는 현재와 장래의 트렌드를 정확히 읽고, 트렌드와 어울리는 업종 및 아이템으로 창업하여야 한다. 시대에 동떨어지거나 사라지는 트렌드의 업종 및 아이템으로 창업하여서는 결코 성공 창업을 이룰 수 없다. 따라서 예비 창업자는 트렌드를 정확히 읽을 줄 알아야 한다. 특히 주의할 것은 사라지는 업종 및 아이템으로 때늦은 창업이 되지 않도록 하여야 한다. 앞으로 고객에게 공감을 얻을 수 있는 업종 및 아이템으로 창업하여야 한다. 그러기 위해서는 TV, 신문 등 각종 언론 매체뿐만 아니라 다양한 채널을 통하여 현재와 미래의 트렌드를 정확히 찾을 수 있도록 노력하여야 한다.

앞으로의 대표적인 트렌드로는 친환경, 고령화, 핵가족화, 건강 등을 들 수 있다.

⋮⋮ 아이템과 연관된 질병의 확인

여름철에 어패류의 비브리오 패혈증이 발생했다는 뉴스가 나오면, 횟집 등 어패류 취급 점포들은 한동안 고객 및 매출의 현저한 감소를 겪는다. 또 국내·국외 가금류의 조류 인플루엔자 발생 소식에 닭 등 가금류의 소비가 한동안 현저히 감소하였다.

최근에는 인플루엔자A, 일명 신종 플루가 돼지와 관련 있다는 뉴스로 한때 돼지 관련 산업 및 취급 점포들이 심각한 경영의 어려움을 겪었으며, 결국 오픈한 지 얼마 안 된 삼겹살 전문식당 주인이 매출 부진 등의 경영난으로 자살을 하기도 하였다. 이와 같이 질병과 연관될 수 있는 아이템으로 창업을 하고자 하는 경우에는 창업 전 외부의 환경을 반드시 검토하여야 한다. 물론 창업 후에도 지속적으로 자신의 아이템과 관련 있는 질병이 발생되는지를 항상 주시하여야 하며, 또한 발생 시에는 최소한의 손실로 대처할 수 있는 방안을 미리 마련해 둘 필요가 있다.

아무런 대책도 없이 사업하다가는, 취급 아이템과 연관이 있는 질병의 발생 시에 적절한 대처를 하지 못해서 성공은커녕 큰 손실을 볼 수 있기 때문이다.

⋮⋮ 정부 및 정부 관련 기관의 정책 확인

정부 부처와 관련 기관의 각종 정책은 좋든 싫든 자신이 하고자 하는, 또는 하고 있는 사업에 직접·간접적으로 영향을 많이 미친다. 그러므로 예비 창업자나 현재 점포의 사업주는 정부 관련 기관의 정책을 항상 예의주시할 필요가 있다. 남보다 빠른 각종 정책의 수집과 정확한 분석 그리고 올바른 대처는 점포형의 사업에서 뿐만 아니라 모든 사업자에게 매우 중요하기 때문이다.

점포형의 사업에 크게 영향을 주는 정책으로는 융자 및 보조금 등 지원 정책, 소방법 강화 등 각종 규제 정책 그리고 업종과 관련된 각종 자격, 자격증의 강화 또는 완화 정책 등으로 나누어 볼 수 있다.

● 각종 융자 및 보조금 등 지원 정책

수년 전부터 정부 부처 및 관련 기관에서 각종 교육에 대하여, 교육비의 환급제도가 실시되고 있다. 각종 교육비의 지원제도는 관련 학원의 경영 개선에 많은 도움을 주었으며, 또한 많은 신규 학원들이 설립될 수 있도록 하였다.

이러한 융자 및 보조금 제도는 노동부 등에서 시행하고 있는 교육비의 환급제도뿐만 아니라, 보건복지가족부에서 시행하고 있는 노인, 환자 등 특정 계층에 대한 각종 물품 구입비의 지원 및 서비스의 제공 등 여러 정부 부처에서 시행되고 있다.

앞으로는 각종 융자 및 보조금 제도가 더욱 활발히 시행될 것으로 보이므로, 점포형의 사업을 하고자 하는 예비 창업자는 창업 시에 이를 고려할 필요가 있다.

● 소방법의 강화 등 규제 강화 정책

하루에도 많은 법규가 새로 생기고 또한 사라진다. 이렇게 변화하는 각종 법규를 확인하지 않고 창업하는 경우에는 손해나 낭패를 볼 수 있다. 그러한 예로써 소방법의 강화를 들 수 있다.

노래방 등 다중시설 점포를 운영하는 점포주들은 규제가 강화된 개정된 소방법에 따라 새로이 피난 시설을 설치하였다. 이렇게 소방법이 개정되는 시기에 피난 시설이 없는 노래방 등을 인수한 창업자들은 피난 시설의 설치비용을 추가 부담하게 되었다.

이와 같이 관련 법규가 강화되는 경우에는 추가비용이 생길 수 있다. 그러므로 예비 창업자는 각종 법규의 변화가 자신이 하고자 하는 업종 및 아이템에 어떤 영향을 미칠 것인지 항시 주시하여야 한다.

● **자격조건의 완화 등 각종 완화 정책**

요즘은 공정한 거래를 유도하기 위해, 엄격한 자격 요건이나 자격증 보유 여부 등 각종 사업자의 설립 요건을 대폭 완화하는 방향으로 정책이 전환되고 있다.

공정거래위원회 등 정부 각 부처는 병원 및 의원 설립, 안경점 그리고 미용실 등 각 분야에서 해당 자격증 소지자만이 설립 가능했던 요건들을 대폭 완화하는 정책을 추진하고 있다. 따라서 예비 창업자는 자신이 하고자 하는 업종의 자격 요건 및 요건 변화의 움직임을 창업 전에 확인할 필요가 있다. 자신이 하고자 하는 업종의 자격증을 갖고 있다 하더라도, 이러한 자격 완화의 움직임에 대한 준비를 철저히 하여야 한다. 자격의 완화로 인하여 멀지 않은 장래에 너도 나도 자신이 창업한 업종에 누구나 진입할 수 있게 된다면, 그만큼 치열한 경쟁을 할 수밖에 없으며, 이로 인하여 성공 창업이 어렵게 될 수도 있기 때문이다.

창업 전의 자가 진단

    사람은 누구나 자신이 잘하는 것이 있는가 하면, 반대로 잘하지 못하는 것도 있다.

사람들은 자신이 잘하는 것을 할 때에는 싫증을 느끼지 않을 뿐만 아니라, 피로를 덜 느끼며, 일의 능률도 매우 높게 나타난다고 한다. 그러므로 예비 창업자는 자기 자신에게 잘 맞고, 또한 자신의 장점을 십분 발휘할 수 있는 업종 및 아이템으로 창업을 하는 것이 바람직하며 창업 전에 자가 진단을 통하여 자신의 장단점 등을 정확히 아는 것이 필요하다.

자가 진단은 장점만을 찾아내는 것이 아닌 단점 등 부족한 면도 파악함으로써, 이를 창업 전에 고치고 보충하는 진단이 되어야 한다.

소질 & 적성의 파악

예비 창업자는 자신의 소질과 적성 등이 하고자 하는 업종 및 아이템과 잘 맞는지 확인하여야 한다. 장점으로 나타날 수 있는 부분은 살리고, 단점으로 나타날 수 있는 부분은 창업 전에 미리 고치거나 또는 없애야 한다.

예비 창업자 자신의 소질과 적성이 하고자 하는 업종 및 아이템과 잘 맞는지를 알아내기 위한 가장 좋은 방법은 동일 업종 및 아이템의 점포에 직접 뛰어들어 경험하는 것이다. 이러한 직접 경험은 자신을 보다 정확하게 파악할 수 있게 함은 물론 창업 전에 해당 업종 및 아이템의 핵심 성공 키워드를 알 수 있으므로 성공 창업에도 매우 중요하다.

능력의 파악

점포형의 사업은 창업자에게 온라인 사업 등과는 다소 다른 능력을 요구한다. 점포형의 사업에서도 업종 및 아이템에 따라 요구되는 능력 또한 달라진다. 점포형의 사업을 하려는 예비 창업자는 점포형의 사업에 필요한 능력과 자신이 하고자 하는 업종 및 아이템에서의 능력을 먼저 파악한 후에, 부족한 능력은 보충하고 뛰어난 능력은 잘 발휘할 수 있도록 하여야 한다.

::: 점포형의 사업에서 공통적으로 필요한 기본 능력

1 고객의 응대(손님맞이)를 잘 할 수 있는 능력

2 한 번 본 사람은 오랫동안 정확히 기억하는 능력

위의 두 가지 능력은 점포형의 사업에서 가장 기본적이면서도 필요한 능력이다. 따라서 예비 창업자는 자신이 이러한 능력들을 어느 정도 갖추고 있는지를 파악하여야 한다.

먼저 1의 능력이 부족하다면 보다 정겹고 친밀한 인상으로 바꾸는 훈련이 필요하다. 경쟁 점포보다 더 잘하는 고객의 응대는 방문 고객에게 좀 더 자신의 점포에 대하여 좋은 이미지를 줄 수 있으며, 자연스럽게 고객의 재거래를 증가시킴으로써, 점포의 매출을 증대시킬 수 있기 때문이다. (경영 편 참조)

또 2의 능력이 부족하다면 한 번 본 사람을 오랫동안 기억하는 연습을 반복적으로 꾸준히 하여야 한다. 대부분의 초보 창업자의 경우에는 이러한 능력이 부족하다. 따라서 초보 예비 창업자일수록 이 능력을 반드시 갖춘 후에 창업하여야 한다. 이 능력은 재방문 고객에게 보다 친밀감 있게 다가갈 수 있게 해주며, 또한 고객별 맞춤형 서비스의 제공을 가능케 함으로써 보다 많은 단골 고객의 확보와 매출의 증대를 이룰 수 있게 해준다. (경영 편 참조)

⠿ 업종 및 아이템에서 요구되는 능력

업종 및 아이템에 따라 갖추어야 할 능력이 다르다. 따라서 예비 창업자는 자신이 하고자 하는 업종 및 아이템에서 요구되는 능력을 먼저 정확히 파악하여야 한다. 그러기 위해서는 해당 업종 및 아이템의 점포에서 직접 몸소 터득하는 것이 가장 좋으며, 현 동종 업종 점포주들의 조언 등을 통해 아는 것도 한 방법이다. 해당 업종 및 아이템에 대한 자신의 능력이 부족하다면, 창업 전에 업그레이드해 놓아야 한다.

이와 같이 자가 진단은 점포형의 사업에 필요한 공통 및 개별 능력에 대하여, 예비 창업자 자신이 어느 정도의 수준인지를 파악할 수 있게 해준다. 또한 창업 전에 부족한 면을 보충할 수 있도록 해줌으로써, 보다 성공적인 창업을 가능토록 해준다.

 ## 기술의 파악

창업의 업종 및 아이템 중에서는 기술을 요하는 업종(이하 기술업종)이 있다. 기술업종의 점포로는 미용실, 이용원, 네일아트 점포, 수선·수리 점포, 떡집, 제과점, 음식점 등이 있다. 이러한 기술업종에서는 점포 종사자의 기술이 매우 중요하다.

기술업종의 창업을 생각하고 있는 예비 창업자는 먼저 자신과 주변 경쟁 점포의 기술 수준을 정확히 파악해야 한다. 이때 주의할 점은 자기 자신의 기술 수준은 과대평가하고, 다른 경쟁 점포의 기술은 과소평가해서 안 된다는 것이다. 기술 수준의 파악 시에는 보다 객관적이고 정확히 할 필요가 있다.

자가 진단에서 예비 창업자의 기술 수준이 경쟁 점포의 수준보다 높게 나왔다면 바로 창업하는 데에는 기술의 경쟁력에서 큰 문제가 없으나, 반대로 기술 수준이 낮게 나왔다면 최소한 경쟁 점포의 기술 수준이 된 다음에 창업하는 것이 바람직하다. 기술업종에서는 무엇보다 점포 종사자의 기술 수준이 성공 창업의 핵심 포인트이기 때문이다.

예비 창업자는 창업 시에 생소한 분야보다는 경험했거나 관련이 있던 업종에서 창업하는 것이 바람직하다. 왜냐하면 다음과 같은 이유로 창업을 보다 성공적으로 이끌 수 있기 때문이다.

- 생소한 분야보다 경험했던 분야이므로 보다 빨리 적응을 할 수 있다.
- 생소한 분야보다는 시행착오를 덜 하게 됨으로써 시간과 비용 등이 절약된다.
- 해당 분야에서 나타났던 자신의 장단점을 미리 알고 있으므로, 창업 전에 미리 대비할 수 있다.
- 해당 업종의 성공 핵심 포인트를 알고 있으므로, 창업 전에 만반의 준비를 할 수 있다.
- 특히 기술 업종의 경우에는 자신과 경쟁 점포의 기술력을 정확히 파악할 수 있으므로, 창업 전에 뒤떨어진 기술력을 보완할 수 있다.

따라서 예비 창업자는 창업 전에 자신이 종사했던 일이나, 경험했던 일들을 확인할 필요가 있다.

구멍가게에도 계획이 필요하다

요즘은 구멍가게를 하더라도 옛날같이 주먹구구식으로 해서는 안 된다. 체계적이지 않은 창업으로는 치열한 경쟁에서 살아남기 어렵기 때문이다. 체계적인 창업은 사업 계획의 수립으로부터 출발한다. 특히 준비 및 확인할 사항이 많은 점포형의 창업에 있어서는 제대로 된 사업 계획이 더욱더 필요하다.

제대로 된 사업 계획에 의거한 창업은 시간과 비용의 손실이 없는 저비용 고효율의 창업을 가능케 해주며, 성공 창업을 이루게 해준다. 그러므로 예비 창업자는 제대로 된 사업 계획을 수립할 필요가 있다.

사업 계획의 수립 목적

⠿ 사업 내용의 구체화

예비 창업자가 구상하고 있는 사업을 사업 계획으로 구체화함으로써 사업 전반을 일목요연하게 알 수 있으며, 이에 따라 창업 목적의 줄기에 큰 변화 없이 창업을 진행시킬 수 있다.

⠿ 사업의 나침반 역할

사업의 전반적인 내용을 한눈에 알 수 있으므로, 사업을 올바른 방향으로 유도할 수 있다. 많은 창업의 사항을 진행하다 보면, 원래 계획한 방향과 다르게 가는 경우도 종종 생길 수 있기 때문이다. 따라서 올바른 사업 진행을 위해서는, 나침반의 역할을 하는 사업 계획이 필요하다.

⠿ 사업의 효율적 추진

사업 계획을 통하여 언제, 무슨 일을 해야 하는지를 알 수 있으므로, 사업의 추진을 효율적으로 할 수 있다. 계획성 없는 창업은 중구난방이 되어 시간과 비용을 낭비할 수 있다.

⠿ 각종 사항의 누락 방지

창업을 준비하다 보면 한두 개의 사항이 누락될 수 있다. 누락된 사항들을 다시 챙기는 데에는 시간과 비용이 추가로 소요된다.

그러나 사업의 계획에 따른 진행은 각종 사항의 누락을 방지함으로써, 이에 따른 손실을 방지해준다.

 사업 진행의 확인

창업을 진행하다 보면, 원활한 진행이 쉽지만은 않다. 그러나 사업 계획에 의거한 진행은, 각 부분별의 진행을 차질 없이 할 수 있게 해주며, 또한 사업의 진행속도를 조절할 수 있게 해줌으로써, 예비 창업자가 원하는 시기에 창업을 할 수 있도록 해준다.

사업 계획서의 작성

예비 창업자는 자신이 구상하고 있는 창업을 구체적으로 문서화한 사업 계획서를 작성할 필요가 있다. 특히 초보 예비 창업자의 경우에는 더욱 그러하다. 머릿속의 구상만으로는 점포형의 창업을 차질 없이 진행하기가 어렵기 때문에 제대로 된 사업 계획서를 작성하여야 한다.

일반적으로 사업 계획서는 용도에 따라 보통 내부용과 외부용의 계획서로 나눌 수 있다.

외부용의 사업 계획서는 부족한 자금을 외부에서 조달하기 위해서 작성하는 사업 계획서로써, 각 창업 관련 대출 기관의 일정 양식에 맞춰 작성하여야 한다. 그러나 내부용의 사업 계획서는 예비 창업자 자신에게 적합하도록 작성하면 된다. 사업 계획서의 작성 시에는 각 항목별의 내용을 정확히 일목요연하게 기술하여야 한다.

사업 계획서의 작성

사업의 개요
- 창업 동기 및 시장조사
- 독립 창업 또는 프랜차이즈 창업의 조사
- 사업성의 검토

자금 계획
- 총 조달 자금
  - 보유 자금
  - 차입 자금
- 총 소요 자금
  - 점포 구입비(권리금, 임차 보증금 등)
  - 인테리어 및 간판 설치의 비용
  - 각종 시설 구입 및 설치비용
  - 기물 및 집기류 비용
  - 초도 물품비용
  - 운전 자금
  - 홍보 및 마케팅 비용
  - 가맹비용(프랜차이즈의 경우)
  - 예비비 등

업종 및 아이템
- 업종
- 아이템
- 업종 및 아이템의 선정 이유
- 기술 업종의 경우
  - 자신의 기술 수준
  - 경쟁 점포의 기술 수준
  - 기술의 전수(전수자, 전수자의 기술 수준, 장소 비용, 전수 기간 등)
- 각종 인·허가 사항
  - 관련 법규의 파악

• 해당 관청의 방문 및 확인

상권 및 입지
- 선정 지역의 검토
- 상권 및 입지의 조사기간
- 상권의 분석 및 평가
- 입지의 분석 및 평가(동·서·남·북)
- 배후인구 및 유동고객의 분석
- 선정 이유

점포
- 점포의 조사기간
- 상권 내 동종업종의 점포 및 입지 주변의 경쟁 점포 조사 및 분석
- 점포의 관련 비용(권리금, 보증금, 월세 등)
- 주변 및 해당 건물의 점포 현황(시너지 또는 마이너스의 효과)
- 점포의 이상 유무(법적, 물리적 등)
- 점포의 선정

인테리어
- 자체 시공 또는 전문 회사 시공
- 간판 제작
- 기물 및 집기류 등 각종 설비의 구입(품목, 구입처, 구입예산 등)

홍보 및 마케팅
- 동종 및 경쟁 점포의 홍보 및 마케팅 조사
- 자체 홍보 또는 외주 홍보 검토
- 개업 전·후의 홍보 및 홍보기간
- 마케팅의 방법 등

점포의 운영
- 직원채용 및 관리방안(직원수, 직원의 현황 (정규직, 임시직), 채용방법, 급료, 교육계획)
- 물품의 구입(각물품의 구입처, 단가, 매입 방법)
- 경영방안

    많은 창업일들을 차질없이 추진하기 위해서는 사업 추진 일정을 정하고, 이에 맞춰 사업을 추진하여야 한다.

    그러기 위해서는 사업 계획을 수립할 때, 사업 추진 일정을 정하고, 이를 하나의 표로 작성할 필요가 있다. 이렇게 만들어진 사업 추진 일정표는 예비 창업자로 하여금 보다 완벽한 준비를 가능케 한다.

사업 추진 일정표

항목	기간	비고
창업 시장의 조사	~	
업종 및 아이템의 조사	~	
상권 및 입지 조사	~	
점포의 조사 및 구입	~	
인테리어 공사(간판공사 포함)	~	
사업자 등록 및 인·허가	~	
각종 기물 및 집기류 구입	~	
물품 구입처 조사	~	
직원 채용 및 교육	~	
초도물품 구입	~	
개업의 최종 확인 및 리허설	~	
홍보 및 개업	~	

　　　　　창업 자금은 크게 자기 자금과 외부 자금(차입금)으로 나눌 수 있다. 창업할 때에는 되도록 자기 자금의 범위 내에서 시작하는 것이 바람직하다. 부득이하게 차입하는 경우에도 총 소요 자금의 30% 이내가 되도록 하는 것이 바람직하다.

　무리한 차입금은 사업 내내 창업자에게 커다란 압박 요인이 될 수 있으며, 특히 사업이 원활하게 운영되지 않을 경우에는 사업 지속을 어렵게 만들 수도 있기 때문이다. 따라서 남을 의식하여 무리하게 외부 자금을 빌려 자기 자본 능력을 벗어난 '과시형 창업'을 하여서는 결코 안 된다. 자금이 적으면 적은 대로 자신이 하고자 하는 분야에서 작게 창업하는 것이 좋다. 세계적인 일본기업 '마쓰시다 전기회사'도 처음에는 조그만 점포에서 시작하였다고 하지 않는가! 자금이 많다는 것은 여러모로 유리하겠지만, 그렇다고 풍부한 자금이 성공을 보장하지는 않는다. 창업 시에 자금이 부족하였다 하여, 원래 자신이 하고자 하였던 업종 및 아이템의 창업을 바꾸어, 다른 업종 및 아이템으로 창업하는 것은 특히 주의해야 한다. 우리는 주변에서 자금 때문에 원하는 점포를 못 구하는 경우, 중개업자 등이 추천한 점포를 얻어서 당초 계획과는 다른 업종 및 아이템으로 창업을 하는 경우를 종종 보아왔다. 이러한 조령모개식 창업, 즉 뚜렷한 목표의식 없는 창업으로는 결코 성공 창업을 이룰 수 없다.

성공한 사람들의 대부분은 첫째로 신용과 성실, 둘째는 사업 능력, 셋째는 재력(자금)을 성공 비결로 꼽았다. 그만큼 자금은 성공 창업을 이루는 데 매우 중요한 요소 중의 하나이므로 자금에 대한 철저한 검토를 하여야 한다.

창업의 자금 계획

창업의 자금 계획은 창업 자금을 어떻게 조달할 것인지에 대한 자금의 조달 계획과 어디에 얼마를 사용할 것인지에 대한 자금의 소요 계획으로 나눌 수 있다.

자금 조달 계획		자금 소요 계획	
총 조달 금액	① + ②	총 소요 금액	① + ② + ③
① 자기 자금	자신이 보유한 자금	① 시설 소요 자금	*점포 확보 비용 *점포 공사비 *비품 구입비
② 차입금	*친지, 친구 등 *정부 및 정부기관 지원금 *은행권 등 대출기관	② 운전 소요 자금	*물품구입비용(초도상품비용 등) *인건비, 관리비, 임대료 등 *경비(각종 가입비용, 홍보비, 가맹비 등)
		③ 예비비	*총 소요 금액의 20% 정도

창업 지원금의 이용

정부 및 정부 산하 기관 등은 서민층, 실직자, 여성 가장들의 창업을 지원하기 위하여 창업자금을 지원하고 있다. 또 2010년부터는 정부와 대기업 등이 '미소금융'이라는 영세 사업자를 위한 새로운 자금 지원 제도를 시행할 예정이다. 따라서 창업을 생각하고 있는 예비 창업자는 이러한 창업 자금의 지원 제도를 적극 활용하여 부족한 자금을 마련할 필요가 있다.

지원 기관	지원 대상	지원 내용	지원 금액 및 금리	비고
소상공인 지원센터	창업 교육 및 사업성 컨설팅을 받은 자로서 사업자 등록 후 3개월 이내 창업한 자	소상공인 창업 및 경영 개선 자금	*점포확보비용: 5천만 원 이내 *창업자금: 3천만 원 이내 연 4%	권리금, 운영자금 등은 지원 대상에서 제외
한국 장애인 고용촉진 공단	장애인	장애인 영업 창업지원	5천만 원 이내 연 3%	
근로복지 공단	*장기 실업자 *실직 여성 가장 *실직 고령자	*3개월 이상의 장기 실직과 창업 지원 *여성 실직 가장 의 창업 지원	7천만 원 이내 연 3%	

*제외업종 : 접대부가 있는 주점업소, 댄스교습소, 도박장, 부동산임대업, 안마시술소(115.7m 이상 규모), 기타 사회 미풍양속 해치는 업종.
*금융기관과 약정 체결되지 않을 시 지원 안 됨.
*지원기관별 지원 내용은 변동될 수 있음.

STEP
2

업종 및 아이템을 파악하라

많은 예비 창업자가 고민하는 부분 중 하나가 창업 시의 업종 및 아이템이다. 업종 및 아이템은 사회가 발전하면서 더욱 다양화, 전문화되어 가고 있으며, 이에 따라 업종 및 아이템도 점점 더 많아지고 있다. 점점 많아지는 업종 및 아이템 중에서 하나의 업종 및 아이템을 선정하기가 쉽지만은 않다. 업종 및 아이템을 제대로 선정하기 위해서는 많은 사항을 충분히 고려하여야 한다.

나, 상권, 입지, 트렌드

업종 및 아이템을 제대로 선정하기 위해서는 많은 사항을 고려하여야 하지만, 특히 예비 창업자, 상권 및 입지, 트렌드(유행, 추세)는 반드시 고려하여야 한다.

예비 창업자

업종 및 아이템 선정에 있어서 가장 먼저 살펴보아야 하는 것이 예비 창업자 자신이다. 아무리 좋은 업종 및 아이템도 예비 창업자의 여건, 즉 능력, 건강, 적성, 기술력, 자금력 등과 맞지 않는다면, 성공 창업을 이루기가 어렵다. 따라서 창업의 업종 및 아이템을 선정할 때에는 예비 창업자와의 궁합(어울림)을 잘 검토하여야 한다.

능력

  사람은 모든 일에서 다 잘할 수는 없다. 그러나 누구나 잘할 수 있는 능력은 한두 가지 이상 갖고 있다. 사람은 자신이 잘하는 분야에서 일을 할 때에 뛰어난 능력을 발휘한다. 예비 창업자는 자신이 잘할 수 있는 것이 무엇인지를 찾아내어, 이와 관련된 업종 및 아이템으로 창업을 하는 것이 바람직하다. 남들이 잘하는 분야에 자신이 뛰어들어서는 경쟁력을 갖출 수 없으며, 또한 성공을 이루기도 쉽지 않기 때문이다.

적성, 취미

  사람들은 누구나 자신이 좋아하거나 적성에 맞는 일을 할 때에는 스트레스도 덜 받고 또한 일도 열정적으로 하게 됨으로써, 일의 능률도 높게 나타난다고 한다. 반대로 적성 등을 고려하지 않은 업종 및 아이템의 창업은, 오래가지 않아 예비 창업자로 하여금 사업에 대한 애정과 흥미를 잃게 만든다. 이는 곧 일의 능률 저하로 이어져 결국은 성공적인 창업을 어렵게 만든다. 따라서 업종 및 아이템의 선정 시에는 예비 창업자 자신의 적성, 취미 등을 고려할 필요가 있다.

건강, 체력

  점포형의 사업은 정해진 시간에 점포를 열고 닫아야 하므로, 점포형의 창업은 기본적으로 예비 창업자의 건강과 체력을 요한다. 또 업종 및 아이템 중에는 유난히 육체적인 힘을 요하는 업종 및 아이템도 있다. 많은 돈을 버는 업종 및 아이템이라고 예비 창업자 자신의 체력 이상을 요하는 업종 및 아이템으로 창업하여서는 얼마 가지 못해 체력의 부담 등으로 건강을 잃게 되고, 결국은 오래가지 못해 사업을 접게 된다. 자신의 건강과 체력을 꼭 체크해야 한다.

::: 경험

업종 및 아이템 선정 시에는 예비 창업자의 경험이 있는 분야를 선정하는 것이 좋다. 자신이 경험했던 분야는 그 분야의 성공 핵심 포인트와 장단점을 잘 알고 있으므로 생소한 분야보다는 훨씬 성공 창업을 이루는 데 유리하다. 따라서 전혀 경험이 없는 업종 및 아이템으로 창업하려는 경우에는 먼저 창업하려는 분야에서 직접 경험(취직 알바 등)을 한 후에 창업하는 것이 바람직하다.

::: 기술 또는 자격증

업종 및 아이템 중에는 기술 또는 자격증을 필요로 하는 업종 및 아이템이 있다. 만약 예비 창업자가 해당 기술 또는 자격증을 보유하고 있다면, 그 업종 및 아이템으로 창업하는 것이 바람직하다.

기술 또는 자격증을 필요로 하는 점포형의 사업은 아무나 창업할 수 없는 것이므로 경쟁이 보다 덜 심하며, 따라서 성공 창업의 확률도 그만큼 높기 때문이다.

::: 자금력(자금 능력)

예비 창업자는 업종 및 아이템의 선정 시에 자신의 자금력을 확인하여야 한다. 업종 및 아이템 중에는 소자본으로 창업이 어렵거나 또는 소자본 창업이 가능하더라도 경쟁력이 없는 분야가 있기 때문이다. 따라서 자신의 자금력으로 성공 창업이 가능한 업종 및 아이템을 찾아서 창업하여야 한다.

업종 및 아이템이 마음에 들어서 무리한 차입금으로 창업을 하는

경우에는, 원활한 사업 운영을 하기가 쉽지 않으며, 약간의 뒤틀림에
도 쉽게 무너질 수 있음을 명심할 필요가 있다.

::: 가족 관계

업종 및 아이템 중에는 일손이 많이 필요한 분야가 있다. 가족 또
는 가까운 친지의 도움이 가능한 경우에는 이러한 업종 및 아이템으
로 창업하는 것이 바람직하다.

이러한 가족형의 창업은 인건비의 절감과 인력 관리의 수월 그리
고 가까운 사이의 인맥으로 구성되어 있으므로, 일에 대한 강한 책임
감과 높은 일의 능률 등 많은 장점을 갖고 있다. 따라서 일손이 많이
필요한 업종 및 아이템에서 성공적인 창업을 하기 위해서는 가족형
의 창업을 하는 것이 좋다. 가족형의 창업 시에 주의할 점은 가족형
의 창업도 엄연한 직장이므로, 구성원 간에 갈등이 일어날 수 있다는
점이다.

따라서 가족형의 창업을 하려는 경우에는 사전에 업무의 분담과
수익의 배분 등을 정확히 함으로써, 상호 갈등이 일어나지 않도록 할
필요가 있다.

상권 및 입지

업종 및 아이템은 상권 및 입지와의 궁합(어울림)이 잘 맞아야 한
다. 아무리 좋은 업종 및 아이템도 상권 및 입지와 어울리지 않는다
면, 해당 상권을 이용하는 고객으로부터 외면을 받는다. 따라서 업종
및 아이템을 선정하기 전에 출점할 상권 및 입지를 이용하는 고객들

에 대한 정확한 조사 및 분석이 필요하다.(상권 및 입지 참조) 조사와 분석을 바탕으로, 상권 및 입지를 이용하는 고객에 맞는 업종 및 아이템을 선정하여야 한다.

트렌드

업종 및 아이템을 선정하기 위해서는 트렌드도 반드시 고려하여야 한다. 트렌드를 무시한 업종 및 아이템으로는 결코 고객의 공감을 얻을 수 없기 때문이다.

요즘같이 트렌드가 빠르고 다양하게 변화하는 시대에는, 정확히 트렌드를 읽어내고 이에 맞는 업종 및 아이템을 찾아내기가 쉽지만은 않다. 따라서 예비 창업자는 인터넷, 신문, TV 등 언론 매체, 그리고 전시회, 박람회 등의 견학, 각종 창업 관련 도서 탐독 등 다양한 방법으로 트렌드를 정확히 읽을 수 있도록 노력하여야 한다.

앞으로의 트렌드를 정확히 예측하여 이에 맞는 업종 및 아이템을 선정하는 것이야말로 성공 창업의 지름길이다. 남보다 먼저 트렌드에 어울리는 업종 및 아이템의 선정은, 선점의 효과로 치열한 경쟁 없이 보다 쉽게 많은 수익을 낼 수 있도록 해주기 때문이다.

업종 및 아이템의 선정에 있어서 트렌드의 중요성 사례

사례1 트렌드를 정확히 예측하여 성공한 사례

지금의 노래방 문화는 일본에서 시작된 후, 우리나라에서 발전하고 정착된 문화이다. 노래방 도입 초창기에, 노래방이 많은 사람들로부터 사랑을 받을 것이라는 예측을 하여, 노래방 및 관련 업종 및 아이템으로 창업한 사람들은 큰 성공을 하였다. 남보다 먼저 트렌드를 정확히 읽고, 노래방의 도입 초창기에 창업한 창업자는 다른 창업자보다 좋은 노래방 입지를 저렴한 금액으로 차지함은 물론 많은 사람들의 이용으로 보다 쉽게 많은 돈을 벌 수 있었다.

사례2 트렌드를 잘못 예측하여 실패한 사례

몇 년 전까지는 햄버거 전문점 등 많은 패스트푸드점들이 곳곳에 많이 있었다. 특히 유명 햄버거 전문점은 아이들의 생일파티 장소로 이용되는 등 호황을 누렸다. 그러나 2004년도에 건강을 최우선시하는 '웰빙'이라는 트렌드가 소비자에게 크게 공감을 얻으면서, 많은 패스트푸드점들이 문을 닫았으며 또한 인스턴트식품 관련 산업 역시 급속히 위축되었다.
'웰빙' 트렌드의 등장과 소비자에게 큰 호응을 얻을 것이라는 트렌드의 예측을 제대로 하지 못한 많은 패스트푸드 점포 및 인스턴트식품 관련 사업의 창업자들은 사업에 많은 어려움을 겪었으며, 결국은 많은 창업자들이 창업에 실패를 하였다. 지금은 '웰빙'보다 한 단계 업그레이드된 친환경까지 생각하는 '로하스'의 트렌드가 점점 소비자에게 공감을 얻고 있는 추세에 있다.

어떻게 경쟁력을 확보할 것인가

일반적인 업종 및 아이템(이하 일반 업종)으로 창업하는 경우에는 많은 경쟁자들과 치열한 경쟁을 하여야 한다. 이러한 일반 업종은 누구나 창업이 가능하므로, 당연히 경쟁자도 많고 경쟁 또한 치열하다. 이렇게 치열한 일반 업종의 창업시장에서 살아남기 위해서는, 고객의 공감을 얻을 수 있으면서 남과는 다른 차별화가 필요하다. 특히 자금의 한계로 경쟁력 우위의 확보가 어려운 소자본 영세 창업자의 경우에는 더욱더 그러하다.

 **업종 및 아이템의 차별화 방법**

첫째_ 틈새시장의 창출

둘째_ 다른 업종 및 아이템과의 접목
셋째_ 아이템의 특화

예비 창업자는 창업 시장에 뛰어들기 전에 자신이 하고자 하는 업종 및 아이템을 위의 세 가지 방법으로 남과 차별화할 수 있는지 검토하여야 한다. 만약 차별화할 수 있다면, 고객에게 공감을 얻을 수 있는지 또 시장성은 충분한지 면밀히 검토한 후에 창업하여야 한다.

틈새시장의 창출

앞서 언급한 대로 일반 업종에서는 치열한 경쟁과 이로 인한 낮은 수익 등으로 성공 창업을 이루기가 쉽지만은 않다. 따라서 예비 창업자는 자신이 창업하려는 일반 업종에서 아이템을 차별화하여 고객의 공감을 얻을 수 있고, 수익성도 좋은 틈새시장을 개척하여야 한다. 물론 이른바 블루오션(경쟁 없는 시장)을 만들어내고, 그 시장을 선점할 수 있다면 더할 나위가 없다.

이러한 틈새시장과 블루오션을 만들어내기 위해서 예비 창업자는 항상 각종 언론 매체에서 언급되는 틈새시장과 블루오션에 주목할 필요가 있으며, 또한 자기 나름대로의 연구 등 꾸준한 노력이 필요하다.

다른 업종 및 아이템과의 접목

요즘은 '퓨전'이라는 단어가 음식업종뿐만 아니라 다른 업종에서도 많이 쓰이고 있다. '두 가지가 합쳐서 새로운 것이 되다'라는 뜻의 퓨전은 앞으로도 점점 다양한 분야에서 쓰일 것으로 예상된다. 퓨전을 가미한 점포를 방문하는 고객은 하나의 가격으로 서로 다른 아이템에서 느낄 수 있는 만족을 동시에 얻거나, 또는 한 번의 방문으로 자신이 필요로 하는 다른 업종 및 아이템의 상품 또는 서비스 등을 동시에 얻음으로써 시간 및 비용의 절감을 이룰 수 있다.

이와 같이 하나의 업종 및 아이템에 다른 업종 및 아이템이 접목되는 퓨전 형태는 고객이 요구하는 주된 욕구의 충족, 부가적인 욕구의 충족 그리고 새로운 만족의 추가가 가능함으로써, 고객 공감에 시너지 효과를 발생시킨다.

고객의 공감을 얻을 수 있는 차별화된 퓨전 형태는 보다 많은 고객의 유치와 새로운 고객층의 창출을 가능케 해준다. 그러므로 예비 창업자는 자신이 하고자 하는 업종 및 아이템뿐만 아니라 다른 업종 및 아이템에 대해서도 항상 관심을 갖고, 시너지 효과를 낼 수 있는 이상적인 접목을 찾도록 노력하여야 한다.

아이템의 특화

요즘같이 점점 전문화, 세분화되어가고 있는 시대에서는 다방면에서 경쟁력을 갖추기가 쉽지 않다. 한두 가지에서라도 남보다 더 잘할수 있는 나만의 차별화 전략이 있어야 한다. 보다 저렴한 가격, 보다좋은 품질 및 서비스를 제공할 수 있는 나만의 아이템 특화가 필요한것이다.

이와 같이 남보다 잘할 수 있는, 즉 경쟁력이 발휘될 수 있는 아이템의 특화로 창업하는 것은 성공 창업을 위해서 바람직하다. 대부분의 예비 창업자는 소자본 창업이므로 여러 면에서 경쟁력을 골고루 갖추기는 어렵다. 소자본의 영세 창업자는 자신이 하고자 하는 일반 업종의 아이템에서 한두 가지의 아이템을 특화하여, 남보다 차별화된 경쟁력을 갖춘 창업을 하는 것이 무엇보다 중요하다.

점포형 창업의 3대 주요 업종

점포형 창업의 업종은 크게 3대 업종으로 나눌 수 있다. 3대 주요 업종으로는 요식업, 서비스업, 판매업이 있다.

예비 창업자는 어느 업종으로 창업할 것인지를 결정하기 전에, 이들 주요 업종의 특징 등을 알 필요가 있다. 창업하고자 하는 업종의 주요 특징을 아는 것은 보다 정확한 업종의 선택을 가능케 해줌으로써 보다 성공적인 창업을 이룰 수 있도록 해주기 때문이다.

요식업

우리나라의 요식업은 경제 발전에 따른 소득의 증가와 세계화에 따른 각국의 사람과 문화 등의 빈번한 교류 등으로 점점 질적, 양적으로 크게 발전하고 있다. 이에 따라 요식업에도 대기업들이 속속 참여하고 있는 실정이다. 대기업은 월등한 자금력과 영업력 등으로 요식업의 일부 아이템에서는 독보적인 영역을 구축하고 있으며, 영역또한 빠르게 넓혀가고 있다. 이제는 요식업의 소자본 창업자도 이들대기업과 경쟁하여야 하는 시대이다. 소자본으로 요식업을 창업하더라도 대기업 등과의 경쟁에서 살아남을 수 있도록 철저한 창업 준비를 하여야 한다.

⠿ 요식업의 주요 특징

먼저 요식업의 주요 특징을 알아볼 필요가 있다. 요식업의 주요 특징을 잘 파악하여, 이를 제대로 반영한 창업을 하여야 보다 빠르고성공적인 창업을 이룰 수 있다.

⠿ 판매 상품의 품질(맛)이 매우 중요하다

요식업의 기본은 음식의 맛이다. 요식업에서 음식의 맛이 없으면성공할 수 없다. 그러므로 요식업을 창업하려는 예비 창업자는 창업전에 자신이 하고자 하는 아이템에서 최고의 맛을 낼 수 있도록 철저한 준비 후에 창업하여야 한다.

특히 음식의 조리는 잘 못하지만, 꼭 요식업으로 창업하려는 예비창업자는 인터넷 등을 통하여 무료 또는 적은 비용으로 음식의 맛을전수받거나, 해당 음식의 전문가에게 기술료를 지불하고 전수를 받아서, 음식의 맛을 일정 수준 이상으로 낼 수 있을 때 창업하여야 한다. 물론 가장 좋은 방법은 자신이 창업하려는 음식을 만드는 요식업의 점포에서 직접 경험하면서 음식의 조리 실력을 갖추는 것이다.

다른 업종보다 일의 강도가 높다

요식업의 점포는 대부분 손수 원·부재료를 구입하여 가공, 조리한 후에 고객에게 제공하여야 함은 물론 식탁 정리 등 뒤처리까지 하여야 한다. 요식업은 모든 일을 일일이 몸을 움직여서 해야 하므로, 일의 강도가 어느 업종보다도 강하다.

많은 음식점의 사업자가 힘이 드는 것에 비해 소득은 상대적으로 낮아, 음식점을 그만두었다는 것을 깊이 생각해 볼 필요가 있다. 요식업으로 창업하려는 예비 창업자는 자신의 체력, 건강 등을 창업 전에 먼저 체크하여야 한다.

원·부재료, 가공 및 조리방법, 영업시간대, 가격 등 차별화의 요소가 매우 많다

주변에 많은 음식점을 생각한다면, 차별화 없이 그럭저럭해서는 자신의 점포로 고객을 유치하기가 어렵다. 요식업은 다른 업종과 달리 차별화할 수 있는 부분이 많은 업종이다. 요식업의 점포로 창업을 고려하는 예비 창업자는 창업 전에 고객의 공감을 얻을 수 있는 자신만의 차별화를 찾아내야 한다. 고객의 공감을 얻을 수 있는 차별화를 찾기 위해서는 상권 및 입지, 고객, 경쟁 점포 등 여러 가지를 충분히 고려하여야 한다.

'메뉴'라는 매개체를 사용하여 판매한다

요식업은 다른 업종과는 달리 '메뉴'라는 매개체로 고객과 소통한다. 따라서 요식업에서 메뉴는 매우 중요하다. 메뉴의 구성 및 표기, 그리고 메뉴로 고객의 주문을 받는 종사자 등 메뉴 매개체와 관련된 구성 요소는 고객의 공감을 얻을 수 있어야 한다. 메뉴는 점포가 위치한 상권 및 입지, 고객, 동종 경쟁 점포 등 여러 가지를 고려하여 정하여야 한다.

∷ 〈동물〉원·부재료는 질병과 연관되어 있다

요식업은 오리·닭 등 가금류, 물고기·조개 등 어패류, 돼지·소 등 가축을 원·부재료로 사용하여 음식을 만드는 경우가 많이 있다. 이들 재료를 사용하는 음식점을 창업하려는 예비 창업자는 이 재료들의 질병 등을 잊어서는 안 된다. 자신의 점포에서 사용하는 원·부재료와 같은 재료에서 질병이 발생 시에는 직·간접적으로 막대한 영향을 미칠 수 있기 때문이다.

∷ 요식업의 선정

요식업의 점포 창업은 크게 독립 점포와 프랜차이즈 가맹 점포로 나눌 수 있다. 점포의 형태도 국적별(한식, 일식, 중식, 양식), 기타 국적(베트남, 인도, 태국 등), 재료별(소, 돼지, 닭, 오리, 낙지, 복어, 게, 생태 등), 요리 방법(전골 요리, 숯불 및 철판구이 등), 서비스 방법(뷔페식, 배달 전문, 레스토랑 식) 등에 따라 다양하다. 따라서 예비 창업자는 다음 사항을 잘 고려하여 자신에게 가장 적합한 점포의 형태로 창업하여야 한다.

∷ 고객

대상 고객을 고려하여 점포의 형태뿐만 아니라, 메뉴, 가격 등을 정하여야 한다. 그러기 위해서는 대상 고객에 대한 정확한 분석이 있어야 한다. 따라서 고객의 성별, 연령, 직업, 소득 수준, 취향 등에 대한 정확한 분석은 필수이다.

상권 및 입지

요식업의 점포는 상권 및 입지 등 지역에 맞아야 한다. 따라서 창업 전에 상권 및 입지 등 지역에 대한 철저한 조사를 반드시 하여야 한다. 상권 및 입지와 어울리지 않는 점포로는 결코 성공적인 고객 유치를 할 수 없기 때문이다.

예비 창업자

요식업의 점포는 다양한 형태가 있으므로 예비 창업자 자신의 건강, 체력, 적성, 경험, 기술 및 관련 자격증 보유 등을 종합적으로 고려할 필요가 있다. 특히 관련 자격증이나 기술이 있는 경우에는 해당 분야의 창업을 고려하는 것이 보다 바람직하다.

자금

요식업의 점포는 아주 영세한 소규모 점포부터 레스토랑식의 대규모 점포까지 그야말로 다양한 규모와 형태가 있다. 음식점을 창업하려는 예비 창업자는 자신의 자금에 맞는 점포의 규모와 형태로 창업하는 것이 바람직하다. 일부 업종 및 아이템에서는 일정 규모 이상이 아니면 고객에게 어필할 수 없기 때문이다. 따라서 자신이 하고자 하는 아이템에서 경쟁력을 갖출 수 있는 규모를 뒷받침할 수 있는 자금의 규모에 맞게 창업하는 것이 무엇보다 필요하다.

트렌드

요식업의 점포 중에는 트렌드에 영향을 덜 받는 것도 있지만, 민감한 것도 있다. 특히 젊은 층을 상대로 하는 경우에는 트렌드에 어울리는 점포의 형태와 인테리어 등이 필요하다. 예비 창업자는 자신이 하고자 하는 아이템의 트렌드 민감도 등을 확인한 후에, 트렌드를 적절히 반영하여야 한다.

⠿ 요식업의 성공 포인트

요식업에서 성공하기 위해서는 성공 포인트를 정확히 알고, 창업 전에 이에 알맞은 만반의 준비를 하여야 한다.

- 음식의 맛이 뛰어나야 한다.
- 음식의 종류(아이템)와 점포 내·외부의 분위기가 잘 어울려야 한다.
- 점포주 등 종사원이 서비스의 체질화가 되어 있어야 한다.
- 상권 및 입지 주변의 고객에게 어울리는 아이템 및 가격 등이어야 한다.
- 고객의 공감 또는 만족을 이끌어낼 수 있는 차별화된 아이템이 있어야 한다.

서비스업

서비스업은 서비스를 상품화 또는 상품에 부가해 판매하는 업종이다. 즉 고객이 필요로 하는 서비스를 제공하는 업종이다. 서비스업은 경제가 발전할수록 더욱 많은 분야에서 필요하게 될 것이므로, 창업을 고려하고 있는 예비 창업자는 서비스업에 주목할 필요가 있다. 예비 창업자가 기술, 아이디어, 전문성 등이 있다면, 적은 비용으로도 성공 창업을 이룰 수 있는 분야이기 때문이다.

서비스업의 아이템은 실로 매우 다양하다. 서비스업의 창업 아이템은 고도의 전문적 기술 또는 자격증이 필요한 아이템 또는 시설·장비 등이 필요한 아이템, 오직 몸만 있으면 되는 아이템 등 아이템이 천차만별이다. 따라서 예비 창업자는 서비스업의 창업 시에 창업 아이템을 잘 선정하여야 한다. 물론 서비스업도 자신이 직접 해 왔던 분야로 창업하는 것이 좋다. 특히 전문 직업군에 종사하였거나, 고도의 전문적 기술 또는 자격증을 보유하고 있거나, 또는 창의적인 아이디어를 가지고 있는 예비 창업자는 다른 어느 업종보다 서비스업으로 창업하는 것이 바람직하다.

서비스업으로 창업하려면 자신이 남보다 비교 우위에 설 수 있는 아이템으로 하여야 한다. 경쟁 점포보다 우위의 경쟁력이 가능한 아이템이어야 성공 창업을 이룰 수 있기 때문이다. 서비스업은 다른 업종보다 창업자의 개인 역량에 많이 좌우된다. 창업 전에 개인 역량을 최대한 키워야 하며, 또한 서비스업의 본질, 즉 '고객이 원하는 만족 또는 가치 이상의 서비스 제공' 을 한시도 잊어서는 안 된다.

⠿ 서비스업의 특징

서비스업의 특징은 생산과 동시에 소비되는 형태로써, 고객에게 만족 또는 가치의 서비스를 제공하는 업종이라 할 수 있다.

⠿ 무형

다른 업종보다 고객이 느끼는 무형의 만족 또는 가치가 중요하다. 서비스업에서는 고객이 마음으로 느끼는 만족 또는 가치가 곧 값어치의 척도이기 때문이다.

⠿ 소멸성

생산과 동시에 소멸한다. 수요에 대비한 저장 등을 할 수 없다. 서비스에 필요한 각종 원·부재료 또는 제품 등의 재고는 있지만, 서비스 자체는 생산과 동시에 소멸하기 때문이다.

동시성

생산과 소멸이 동시에 일어난다. 그러므로 매 순간 최상의 서비스를 제공하여야 한다. 최선을 다하지 않은 서비스로는 고객에게 만족 또는 가치를 줄 수 없으므로, 결국에는 고객으로부터 외면을 당하기 때문이다.

가변성

제품과 같이 서비스의 품질이 항상 일정할 수는 없다. 서비스마다 어느 정도의 편차가 있을 수 있기 때문이다. 따라서 제공하는 서비스의 편차를 최소화하는 노력이 필요하다. 서비스의 편차가 적으면 적을수록 고객에게 보다 큰 신뢰를 줄 수 있기 때문이다.

서비스업의 아이템 선정

서비스업의 아이템은 실로 매우 다양하다. 이렇게 다양하고 많은 아이템에서 제대로 된 아이템을 선정하기 위해서는, 보다 철저한 분석과 여러 요소들을 고려할 필요가 있다.

야이템의 1차 선정(분석)

아이템의 1차 분석을 통하여 아이템 자체가 지니고 있는 각종 특성들을 파악하여야 한다. 아이템이 지닌 특성이 성공 창업에 장애 요인인지 확인할 필요가 있는 것이다. 장애 요인으로 성공 창업이 어렵다면 해당 아이템으로 창업해서는 안 되기 때문이다.

수익성

모든 사업이 그러하듯이 수익성을 따져 보아야 한다. 물론 수익성이 높을수록 안정성이 낮게 나오는 것이 통념이지만, 어느 정도 수익성과 안정성이 균형을 이루는지에 대한 검토는 필요하다.

안정성

사업의 안정성도 확인하여야 한다. 안정성이 없는 아이템은 작은 변화에도 사업 자체가 존폐기로에 설 수도 있기 때문이다.

성장성

서비스업은 다른 업종보다 부침이 심한 편이다. 따라서 해당 아이템이 미래에도 계속 성장하고 발전할 것인지 검토할 필요가 있다. 성장성이 없는 아이템으로는 지속적인 사업 영위가 어렵기 때문이다.

시장성

해당 아이템이 고객에게 어느 정도 통할 것인지의 시장성과 함께 앞으로 시장성의 축소 또는 확대 여부 등도 검토되어야 한다. 시장성이 있고 또한 시장이 확대되고 있다는 판단이 들 때에 시장에 진입하여야 한다.

아이템의 2차 선정 (고려할 사항)

아이템의 1차 선정에서 통과한 아이템 중에서, 다음의 여러 사항을 고려하여 최종적으로 하나의 아이템을 선정하여야 한다.

⁙ 예비 창업자

서비스업은 다른 업종보다는 특히 예비 창업자 자신이 매우 중요한 포지션을 차지하기 때문에 예비 창업자의 건강, 체력, 적성, 기술, 영업력, 자금력 그리고 보유 자격증 등을 종합적으로 고려하여야 한다.

⁙ 고객

고객의 특성(성별, 연령, 직업, 소비수준, 취향 등)을 고려하여야 한다. 서비스 업종은 다른 어느 업종보다도 고객의 만족에 많은 좌우가 되기 때문이다.

⁙ 상권 및 입지

상권 및 입지도 고려하여야 한다. 상권 및 입지 주변의 정서 등을 파악한 후에, 성공할 수 있는 아이템을 선정하여야 한다. 다른 상권에서 성공한 아이템이 예비 창업자 자신이 창업하려는 상권 및 입지에서는 성공하지 못할 수도 있기 때문이다.

⁙ 경쟁 점포

만약 예비 창업자가 점포가 위치할 상권 및 입지를 아이템의 선정 전에 정했다면, 아이템의 선정 시 주변에 있는 동종 아이템 취급 점포의 경쟁력을 고려하여야 한다. 점포의 경쟁력은 고객의 흡인력을 나타내기 때문이다. 따라서 출점 주변에 경쟁력이 강한 경쟁 점포가 있는 경우에는 동일 아이템으로 창업하지 않는 것이 바람직하다.

⁙ 트렌드

서비스업은 다른 업종보다 트렌드에 민감하다. 다른 어느 업종보다도 신기술, 새로운 서비스 등이 계속해서 생겨나고 또한 사라지는 업종이기 때문이다. 반짝 유행이 아닌 유망 아이템을 선정하기 위해서는 트렌드를 정확히 읽어야 한다.

⁙ 자금

서비스업은 거의 무일푼으로 시작할 수 있는 아이템부터, 많은 비용이 들어가는 시설·장비 등의 아이템까지 아이템에 따라 사업 자금의 편차가 큰 업종이다. 많은 비용이 필요한 아이템의 경우에, 적은 자금으로 창업하면 경쟁 점포보다 경쟁력이 떨어져 성공을 기대하기는 현실적으로 무리가 있다. 예비 창업자는 자신의 자금력으로 경쟁력을 갖출 수 있는 아이템으로 창업하는 것이 바람직하다.

⁙ 서비스업의 성공 포인트

서비스업의 아이템은 매우 많고 다양하다. 성공 포인트 또한 아이템별로 다를 수밖에 없으나, 서비스업으로써 기본적이고 공통적인 성공 포인트는 다음과 같다.

- 점포주 등 종사자가 서비스의 체질화가 되어 있어야 한다.
- 상권 및 입지 주변의 고객에게 어울리는 아이템, 서비스 수준 및 가격이어야 한다.
- 동일 아이템의 경쟁 점포보다 우위의 서비스를 제공할 수 있어야 한다.
- 고객 관리를 잘 하여야 한다.
- 틈새시장의 개척이 필요하다.
- 새로운 서비스의 개발이 필요하다.
- 신기술의 개발이 필요하다.

판매업

점포형의 판매업은 각종 상품을 점포에서 판매하는 업종이다. 판매되는 상품과 상품을 판매하는 점포는 사회가 발전할수록 더욱 다양해지고 많아질 것이다.

판매업은 다른 업종보다도 대기업 등 대형 업체의 점포들이 많이 참여하고 있는 업종이며, 앞으로도 지속적으로 자금력이 우세한 대형 업체들이 계속 참여할 업종이다. 판매업은 구입부터 보관, 가공, 진열, 판매 등 여러 과정과 다양한 상품과 판매 형태, 판매 장소 그리고 판매 점포 등으로 매우 다양하고 복잡한 형태를 지닌 업종이다. 따라서 소규모 점포로 판매업을 창업하려는 예비 창업자는 판매상품의 선정부터 판매 점포까지 전반적인 모든 사항을 속속들이 잘 알고 창업하여야 한다.

판매업의 특징

점포형의 판매업은 유형의 상품을 점포에서 파는 것이다.

무형이 아닌 유형의 상품을 판다.

유형이므로 고객이 직접 눈으로 상품을 볼 수 있다. 그러므로 판매되는 상품의 가격, 품질 등 상품 자체뿐만 아니라 상품의 포장 또는 진열, 판매 점포 등 상품을 돋보이게 하는 부수적인 여러 과정에서도 고객에게 어필할 수 있어야 한다.

구입부터 보관, 가공, 진열, 판매 등 여러 과정이 있다.

판매업은 구입부터 보관, 가공, 진열, 판매 등 여러 과정이 포함되어 있다. 따라서 판매업에서 성공 창업을 이루기 위해서는 자신의 점포에 해당되는 각 과정에서 남보다 우위의 경쟁력을 확보할 수 있어야 한다.

⠿ 판매업의 아이템 선정

판매업의 점포에서 판매하는 상품은 매우 다양하다. 이처럼 다양한 상품 중에서 자신의 점포에서 취급하려는 상품, 즉 아이템을 잘 선정하여야 성공 창업을 이룰 수 있다. 점포에서 판매하고자 하는 상품은 다음 사항을 잘 고려하여 선정하여야 한다.

⠿ 상권 및 입지

점포가 소재할 상권 및 입지의 지역 정서를 고려하여야 한다. 지역에 맞지 않는 상품은 지역 정서와의 부조화로 결국은 외면을 당할 수밖에 없기 때문이다.

⠿ 경쟁 점포

자신의 점포가 입지할 주변에 있는 동종 아이템의 점포의 경쟁력을 파악하여야 한다. 고객의 흡인력이 강한 즉 경쟁력이 강한 경쟁 점포가 있는 경우에는 대부분이 자신의 점포에 (−)의 효과를 발생시키기 때문이다. 물론 동종업종이면서 다른 아이템의 점포가 주변에 있는 경우에는 (+), (−)의 효과가 판매 장소와 판매 형태 등에 따라 다르게 나타날 수 있으므로, 철저하고도 정확한 주변 경쟁 점포의 파악이 필요하다.

고객

고객이 원하는 상품을 판매하여야 한다. 그러기 위해서는 대상 고객의 특성 등을 잘 고려하여야 한다.

트렌드

상품에서 트렌드는 매우 중요하다. 트렌드와 동떨어진 상품으로는 결코 양호한 판매 성과를 나타낼 수 없기 때문이다. 특히 트렌드와 밀접한 상품을 취급하는 경우에는 더욱이 그러하다.

자금

판매업은 대부분 어느 정도 이상의 자금이 필요한 업종이다. 3대 주요 업종(요식업, 서비스업, 판매업) 중 가장 자금이 중요한 업종이라고 볼 수 있다. 저렴한 구매를 위한 대량 구매, 가격 변동 시에 적정 재고 유지, 보다 저렴한 가격의 판매 등이 판매업의 주요 사이클이기 때문에 이 사이클을 충족을 시키기 위해서는 자금이 매우 중요하다.

예비 창업자

판매업은 상품을 구입, 보관, 가공, 진열, 판매하는 업종이므로, 예비 창업자의 능력이 매우 중요하다. 남보다 저렴하게 구입, 뛰어난 가공 또는 진열 그리고 판매의 능력 등이 있어야 한다. 이러한 능력은 실제로 경험하지 않고서는 생기기 어려우므로, 판매업을 창업하려는 예비 창업자는 창업 전에 동종의 판매 업체 등에서 직접 경험을 하는 것이 가장 바람직하다.

판매업 중에서도 예비 창업자가 대인 관계의 서비스가 탁월한 경우에는 일반 소매업, 경영이 탁월한 경우에는 도매업의 형태로 창업하는 것도 좋은 방법 중의 하나이다.

∷ 판매업의 성공 포인트

판매업은 상품을 고객에게 많이 팔아야 하는 업종이다. 상품을 많이 팔아 판매업에서 성공 창업을 이루기 위해서는 다음의 기본적이고 공통적인 성공 포인트를 잘 이행하여야 한다.

- 점포주 등 종사자 모두 서비스가 체질화되어 있어야 한다.
- 상품을 보는 눈과 상품에 대한 전문성을 갖추어야 한다.
- 경쟁 점포보다 우위의 경쟁력을 갖추어야 한다.
- 고객의 관리를 잘하여야 한다.
- 상품과 대상 고객에 맞는 효과적인 마케팅을 하여야 한다.
- 점포 내·외부 인테리어와 디스플레이 등이 상권 및 입지, 상품, 고객층과 잘 어울려야 한다.
- 틈새시장을 개척해야 한다.
- 트렌드를 정확히 읽어야 한다.
- 재고 관리를 잘하여야 한다.
- 각종 물품의 좋은 구입처를 확보해야 한다.
- 가공이 필요한 경우에는 높은 가공 기술을 보유하여야 한다.
- 자금 관리가 잘 이루어져야 한다.
- 주변 점포와 자신의 점포와의 (−), (+)의 효과를 정확히 파악할 수 있는 능력을 갖춰야 한다.
- 상품이 상권 및 입지, 상권의 이용 고객 등과 잘 어울려야 한다.

업종이나 아이템을 바꿔야 한다면

창업한 후에 장사가 지속적으로 안 될 때에는 매출의 증대를 위한 변화를 추구하여야 한다. 간단한 변화부터 최종적으로는 업종 및 아이템의 변경이 필요하다. 먼저 업종 및 아이템의 변경 전에 매출의 하락을 검토하여야 한다. 즉, 매출의 하락 요인이 내부에 있는지, 아니면 외부에 있는지를 철저히 파악하여야 한다.

내부적 요인으로 매출이 하락되고 있는 경우에는 현재의 서비스, 품질, 가격, 마케팅, 점포의 분위기 등 여러 요소들을 꼼꼼히 살펴보아야 한다. 이러한 내부적 요인으로 인한 매출의 하락 시에는 바로 업종 및 아이템의 변경보다는 좀 더 많은 점포주의 변화가 필요하다. 그러나 매출의 하락 요인이 만약 외부적 요인, 즉 업종과 상권의 부조화, 인근에 강한 경쟁 점포 및 경쟁 점포의 과다 출현, 인근의 고객

집객시설의 이전 등으로 발생하였다면 업종 및 아이템의 변경 더 나아가서는 최종적으로 점포의 매도가 요구된다.

업종 및 아이템의 변경 시에 주의해야 할 점은 객관적인 판단을 하지 않고 남 따라서 하거나, 자신의 생각만으로 주관적 판단을 하는 것이다. 이렇게 해서는 또다시 실패하게 된다. 따라서 내·외부적인 요인을 보다 철저히 파악하여 객관적인 판단을 내려야 한다.

업종 및 아이템의 변경 시 고려하여야 할 사항

∷ 업종 및 아이템의 파악

업종 및 아이템을 변경하기 전에 먼저 변경하고자 하는 업종 및 아이템에 대한 보다 철저한 분석이 필요하다. 업종 및 아이템의 특성 등을 정확히 파악하여야 보다 효과적인 업종 및 아이템의 변경을 할 수 있기 때문이다.

∷ 고객층의 철저한 분석

주 고객층의 특성 등을 면밀히 분석하여야 한다. 분석이 정확하기 위해서는 고객의 각종 데이터뿐만 아니라 고객의 의견을 참고할 필요가 있다.

∷ 트렌드의 부합

현재와 미래의 트렌드를 잘 반영한 업종 및 아이템의 변경이어야 한다. 트렌드와 부합하지 않으면 고객에게 외면을 받을 수밖에 없으며, 매출의 상승 또한 기대할 수 없기 때문이다.

⠿ 점포주 자신과의 부합

점포의 모든 일은 종국적으로 점포주 자신이 하는 것이다. 따라서 점포주 자신과 업종 및 아이템의 부합 여부는 매우 중요하다. 자신과 맞아야 보다 더 일의 능률이 오르기 때문이다.

⠿ 상권과 입지와의 부합

상권과 점포 주변의 입지 등 지역 여건에 부합하여야 한다. 상권 및 입지를 등한시하는 업종 및 아이템은 지역 정서와의 부조화로 인해 고객의 이용률이 떨어지기 때문이다.

⠿ 경쟁 점포의 파악

변경하고자 하는 업종 및 아이템의 경쟁 점포를 정확히 파악하여야 한다. 특히 자신의 점포 주변에 있는 경쟁 점포의 경쟁력을 정확히 파악할 필요가 있다. 강한 경쟁력을 지닌 경쟁 점포가 주변에 있는 경우에는 고객의 흡인력에서 뒤져서 결국은 성공적인 재창업이 어렵기 때문이다.

STEP
3

상권 및 입지를 분석하라

성공 창업을 위해서는 예비 창업자가 하고자 하는 아이템과 잘 어울리는 입지를 선정하여야 한다. 입지는 점포형의 사업에서 창업의 성패를 결정하는 매우 중요한 요소이다. 중요한 입지를 제대로 선정하기 위해서는 상권 및 입지에 대한 철저한 조사와 정확한 분석이 필요하다. 예비 창업자는 성공 창업을 위해서 자신이 하고자 하는 업종 및 아이템과 어울리고, 또한 여러 제반 여건이 좋은 상권 및 입지를 찾는 데 모든 역량을 집중해야 한다.

상거래가 이루어지는 공간, 상권

상권은 일정한 지역을 중심으로 재화와 용역의 유통, 즉 상거래가 이루어지는 공간적 범위를 말한다. 점포형의 사업과 같이 한 곳에 고정되어 일정한 범위를 필요로 하는 사업에 있어서는 상권이 매우 중요하다. 대부분의 거래, 즉 거의 모든 매출이 해당 상권을 이용하는 고객으로부터 발생하므로 점포형의 사업을 구상하고 있는 예비 창업자는 창업 전에 자신이 출점하고자 하는 상권에 대하여 철저히 파악하여야 한다.

상권의 조사

예비 창업자는 출점 예정지의 상권 및 입지를 정확히 파악하여야 한다. 먼저 출점 예정지의 상권을 파악한 후에, 입지(출점 예정지)를 파악하여야 한다. 상권을 정확히 파악하기 위해서는 해당 상권의 규모, 활성화 상태, 특성, 그리고 업종의 분포 등을 조사하여야 한다.

::: 상권의 규모

상권의 규모는 딱히 정해진 것은 아니고, 하천 또는 큰 도로 등 지형지세 등에 의하여 일정 범위로 형성되는 지역으로 볼 수 있다.

해당 상권의 규모가 어느 정도인지는 동, 서, 남, 북 모든 방향으로 파악하여야 한다. 상권의 규모는 각 지역마다 전부 다르기 때문이다.

이러한 상권의 조사를 통하여 상권의 규모와 규모에 대비한 해당 업종 및 아이템의 점포 적정 여부를 판단할 수 있다. 상권의 규모에 비해 동일 업종 및 아이템의 경쟁 점포가 너무 많이 있는 경우에는 상권의 진입 여부를 신중하게 고려하여야 한다. 특히 유념해야 할 사항은, 상권의 규모가 작은 경우에는 유사 업종 및 아이템도 경쟁 관계가 될 수 있기 때문에 상권 규모와 상권 내의 점포들을 잘 파악하여야 한다.

::: 상권의 활성화

상권의 활성화 상태는 그 상권에 출점할 것인지 여부를 결정짓는 중요한 판단 기준이 될 수 있기 때문에 정확히 파악하여야 한다. 상권의 상태가 활황이거나 안정된 상태면 출점에 문제가 없으나, 침체되어 있거나 심지어 쇠락하는 경우에는 출점 시에 큰 문제가 발생할 수 있다.

상권이 쇠락하고 있어 점포의 매물이 나오는지 모르고 예전에 자신이 알고 있었던 점포의 권리금보다 많이 싸졌다는 생각에, 또는 개인 사정 등 여러 이유를 대면서 낮은 권리금으로 처분한다는 말에 덜컥 점포를 인수하는 경우에는 큰 손실을 볼 수 있다.

상권이 침체를 넘어 쇠락하고 있는데 자기만 혼자서 그 상권 내에서 잘될 수는 없다. 상권이 침체 또는 쇠락의 기미가 있는 경우에는 상권에 진입하지 않는 것이 현명하다.

현재 해당 상권에서 영업 중인 점포의 사업자는 다른 상권으로 옮기는 것을 신중히 검토할 필요가 있다. 이러한 상권의 쇠퇴 요인들이 발생하여 상권의 침체가 누가 보아도 알 수 있을 때에는 제값 받기가 어려울 뿐만 아니라, 점포의 매도 또한 힘들기 때문이다.

상권의 침체 또는 쇠락 요인은 여러 가지가 있다. 주요 요인으로는 관공서 등 고객 집객 유발 시설의 이전, 도로 확장 등 지형 변화, 인접한 곳의 신흥 상권 형성 등이 있다. 이와는 반대로 상권 내에 고객 접객 유발 시설의 신규 유입, 상권의 개발 계획 등 상권의 활황 요인이 있는 상권에는 남보다 먼저 진입해야 한다. 활황 시에 진입하고자 하면 활황 전보다 점포의 구입비용이 많이 소요된다. 따라서 예비 창업자는 상권의 활성화 상태 조사 시에 현재의 상권의 활성화 상태뿐만 아니라 가까운 미래의 상권의 활성화 상태도 파악할 수 있어야 한다. 상권의 활성화 상태와 변화를 남보다 먼저 정확히 읽는 것이야말로 예비 창업자뿐만 아니라 현 점포의 사업주에게도 성공 창업을 위해서 매우 중요하다.

::: 상권의 특성

상권의 특성은 그 상권이 가지고 있는 고유의 특성이다.

상권은 주택가, 유흥가, 대학가, 역세권, 오피스텔 및 사무실 밀집지역, 공장 밀집지역, 중심 상업지역, 일반 상업지역, 그리고 기타 혼

합지역 등으로 나눌 수 있다.

예비 창업자는 자신이 출점하려는 상권이 어느 상권에 해당되는지 또 해당 상권의 특성은 어떠한지를 파악하여야 한다. 상권의 특성으로서는 배후세대 및 그 상권을 이용하는 고객의 연령, 남·여 구성비, 직업, 소비 수준 및 성향, 그리고 이용시간대 등이 있다. 각 상권마다 특성이 다르므로, 예비 창업자는 출점하기 전에 자신의 업종 및 아이템이 그 상권에서 통할 것인지를 먼저 검토하여야 한다.

상권의 특성을 무시한 업종 및 아이템으로는 살아남기 어렵다. 상권의 특성을 파악하지 못해 실패한 대표적인 예로, 경기도 시흥시 정왕동의 중심상업지역 48블록에 형성된 패션 의류 판매 점포들을 들 수 있다.

이 상권은 주로 시화공단의 근로자와 주변에 살고 있는 근로자 가족들이 이용하고 있는 상권이다. 패션 의류는 이 상권의 특성과 애초부터 맞지 않았으며, 또한 해당 상권과 멀지 않은 지역인 안산시의 중심 상업지역에 의류 전문점이 많이 있어, 패션 의류를 구매하고자 하는 대부분의 고객은 안산시로 나가서 구매하는 경향이 있다. 따라서 이 상권에서 사람들이 패션 의류를 구매하지 않음으로써, 패션이 있는 로데오 거리를 조성한다는 최초의 분양업자들의 말에 패션 의류 판매점 등을 오픈한 많은 창업자들이 창업 실패를 하였다.

이와는 반대로 이 상권의 특성을 잘 읽고, 주요 이용 고객인 공장의 근로자에 맞는 음식과 가격, 그리고 빠른 서비스 등을 제공하고 있는 B해장국 전문점은 그 상권을 이용하는 고객(공장 근로자)의 호응으로 문전성시를 이루고 있다.

위의 예에서 보듯이 상권의 특성을 정확히 아는 것은 매우 중요하다. 따라서 특정 상권에 진입하기 전에는 먼저 그 상권의 특성에 대한 철저한 조사가 반드시 이루어져야 한다.

 상권의 업종 분포

상권에 있는 점포들의 업종 및 아이템에 대한 조사가 필요하다. 이 조사를 통하여 그 상권 내의 전반적인 업종 및 아이템의 형태와 다수를 점하는 업종 및 아이템 등을 알 수 있으며, 이에 따라 상권의 특성도 자연히 파악할 수 있다. 이러한 상권 내의 업종 및 아이템의 분포 조사는 예비 창업자로 하여금 보다 성공 가능성이 높은 업종 및 아이템의 선정을 가능하게 해준다.

상권의 분석 및 평가

상권에 대한 조사를 마쳤다면, 다음은 조사를 바탕으로 상권에 대한 올바른 분석 및 평가를 하여야 한다. (상권의 분석 및 평가표 참조) 올바른 분석 및 평가는 해당 상권에 대한 정확한 판단을 가능케 해준다. 분석 및 평가 시에 주의해야 할 점은 상권은 계속 변화하므로 시간이 오래 경과된 상권 분석의 자료를 참고할 때에는 세밀한 주의가 필요하다.

상권의 분석 및 평가표

상권 위치				
구분	**항목**		**내용 및 분석**	**비고**
상권의 규모	동 : Km 서 : Km 남 : Km 북 : Km *경쟁 점포의 수			
상권의 활성화	*활성화 상태 *상권의 변화			
상권의 특성	*고객의 연령 *남·여 구성비 *직업 *소비 수준 *소비 행태(상권의 이용 목적) *영업 시간대(일별, 요일별)			
업종 및 아이템	동일 업종 및 아이템의 점포수 (경쟁 점포)	ex)5개		
	주요업종 및 아이템	①음식점 34개 ②편의점 14개 ③호프집 8개 ④PC방 8개 ⑤의류판매점 8개 ⑥핸드폰점포 7개 ⑦미용실 6개 ⑧당구장 5개 ⑨제과점 3개 ⑩안경점 3개		
종합 평가				

내 점포의 주변 환경, 입지

　　　　상권에 대하여 1차적으로 조사를 끝마쳤다면, 그다음은 범위를 좁혀서 상권 내에 점포가 위치할 입지에 대한 조사가 필요하다. 동일 상권 내에서도 입지에 따라 업종 및 아이템과 점포의 수익성 등이 천차만별이기 때문이다. 예비 창업자는 입지에 대한 철저한 조사로, 자신의 업종 및 아이템과 어울리고 또한 수익성 등도 양호한 입지를 찾아내야 한다. 양호한 입지에 위치하는 점포는 경쟁 점포보다 입지 우위의 경쟁력을 가짐으로써 성공 창업을 가능하도록 해주기 때문이다.

입지의 조사

입지를 제대로 선정하기 위해서는 먼저 철저한 입지의 조사가 선행되어야 한다. 입지에 대한 조사는 입지의 상태, 유동 인구, 입지 주변의 경쟁 점포 등에 대하여 실시하여야 한다.

입지의 상태

점포가 위치할 또는 위치한 입지의 상태를 살펴보아야 한다. 입지의 상태는 가시성, 접근성, 편의성, 인지성 등으로 파악할 수 있다.

점포의 접근성

점포를 접근하는 데 물리적이든 심리적이든 장애요인이 없어야 한다. 아무리 좋은 상권 내의 입지라도 고객의 접근이 어렵다면 그만큼 점포 안으로 들어오는 고객의 비율, 즉 고객의 내점률이 떨어지게 된다. 점포에 있어서 접근성은 매우 중요하다.

● 점포가 경사가 심한 곳에 위치하고 있는 경우

경사진 곳의 점포는 경사가 심할수록, 즉 경사도에 비례하여 고객의 내점률이 낮아진다. 사람들은 낮고 편평한 곳에서 안정감을 느끼나, 경사진 곳에서는 몸의 불균형 등으로 불안감을 느껴 경사진 곳에서 멈추거나, 오래 머물려 하지 않는다. 경사도가 심한 곳에 위치한 점포는 되도록 피하는 것이 좋다.

● 점포 앞에 계단이 많은 경우

점포의 위치가 도로면보다 높아 계단이 많은 경우에도 고객은 내점을 꺼린다. 고객의 내점률은 계단의 수와 반비례한다. 사람들은 의식적이건 무의식적이건 많은 계단이 있는 점포, 즉 장애물이 있는 점포에 들어가지 않으려 하는 성향이 강하다. 따라서 계단이 많은 점포는 되도록 피하는 것이 좋다.

건물 내의 점포를 이용하는 고객은 전면의 계단은 큰 거리낌 없이 이용하지만, 계단이 후면부에 있는 경우에는 고객 자신이 몸을 180° 뒤로 돌려야 하는 불편함으로 인해 이용을 꺼린다. 2층 점포 선택 시에는 계단의 위치가 전면부인지 후면부인지도 고려하여야 한다. 점포에 진입하는 계단이 후면부에 있는 경우에는 되도록 선택하지 않는 것이 좋다.

점포가 지하층, 2층 이상에 있는 경우에는 고객의 접근성, 가시성, 인지성 등 여러 면에서 1층보다 많이 떨어진다. 지하층 또는 2층 이상에 있어도 큰 문제가 없거나, 오히려 유리한 업종 및 아이템을 제외하고는 되도록이면 권리금, 임대료가 높아도 1층의 점포를 선택하는 것이 좋다. 1층은 업종 변경 시에 업종 및 아이템의 선택 폭이 넓어, 다른 층에 비해 업종 변경 등이 수월하며, 또한 점포의 양도도 다른 층보다는 훨씬 수월하다.

점포의 가시성

점포의 가시성은 점포가 고객의 눈에 띄는 정도이다. 가시성이 좋은 점포는 타 점포보다 먼저 고객의 눈에 띄므로, 보다 많은 고객을 유치할 수 있다. 그러므로 눈에 잘 띄는 점포, 즉 가시성이 좋은 점포를 구하도록 하여야 한다. 1층의 점포는 지하층, 2층 등 타 층의 점포보다 가시성이 월등이 좋으므로, 타 층의 점포보다 내점률이 훨씬 높게 나타난다. 가시성은 특히 고객의 눈에 민감한 업종들의 점포에서 매우 중요하다.

점포의 편의성

고객이 점포를 쉽게 이용할 수 있도록 주차장 등 편의시설을 갖추는 것이 중요하다. 주차장 등 편의시설을 단독으로 보유하기 어려운 경우에는 인근 주차장 등을 이용할 수 있게 함으로써 고객이 점포를 이용하는 데 불편이 없도록 하여야 한다. 자동차의 보급률이 높아 지면서 점포의 편의성이 더욱 중요시되고 있다.

⠿ 점포의 인지성

점포의 인지성은 점포의 위치에 대해 고객들이 얼마나 쉽게 인지할 수 있는지, 또 얼마나 오랫동안 기억할 수 있는지를 나타낸다. 어떤 점포는 지나가다 보았거나, 한 번 가 보았는데도 쉽게 기억이 나서 찾아갈 수 있고, 또 다른 점포는 몇 번 가 보았는데도 위치가 헷갈려 찾아가는 데 어려움을 겪는 경우가 있다. 점포는 기억하기 쉽고 또 찾기 쉬운 위치에 있어야만 고객이 다시 방문하고 싶을 때 찾아오기가 쉽다. 이와는 반대로 점포가 찾아가기 어렵고 설명하기도 어렵다면 약속 장소로 이용하기 어려우므로 당연히 고객의 방문 및 재방문율이 떨어지게 된다.

점포는 지명도 있는 건물 내에 위치하거나 점포 주변에 누구나 알 수 있는 건물, 시설, 유명 브랜드 매장 등이 있어 고객이 쉽게 인지할 수 있는 곳에 위치하는 것이 좋다.

⠿ 유동 인구

점포 주변을 이용하는 유동 인구를 조사하여(유동 인구의 조사표 참조) 유동 인구의 특성(연령, 직업, 남·여의 구성비 등), 통행량 및 동선 등을 잘 파악하여야 한다.

⠿ 유동 인구의 주요 특성

점포 주변의 유동 인구는 바로 고객으로 연결될 수 있기 때문에,

유동 인구의 특성을 잘 파악하여야 한다. 즉 유동 인구의 연령, 직업, 남·여 구성비 등의 조사가 이루어져야 한다. 유동 인구의 특성에 대한 정확한 파악은 고객의 공감을 얻을 수 있는 올바른 업종 및 아이템의 선정을 가능토록 해주기 때문이다.

⋮ 유동 인구의 통행량 및 동선

점포가 입지할 주변을 조사하여 유동 인구의 통행량과 동선을 정확히 파악하여야 한다. 유동 인구의 통행량 및 동선에 대한 조사는 시간대별, 요일별로 파악하여야 한다. (유동 인구의 조사표 참조)

아울러 고객의 동선을 파악할 때에는 가까운 장래에 동선의 변화 유무도 확인하여야 한다. 유동 인구의 동선을 변화시키는 대표적인 요인으로는 버스 정류장, 횡단보도, 육교 등 각종 시설의 변경 그리고 경찰서, 대형마트 등 고객 집객 유발 시설의 변경 등이 있으며, 이외에도 매우 다양한 요인들이 있다. 예비 창업자가 출점한 주 동선상의 점포 입지가 출점 후 가까운 시일 내에 동선의 변화로 유동 인구가 자주 왕래하지 않는 동선에 위치하게 된다면 그야말로 낭패가 아닐 수 없다. 그러므로 예비 창업자뿐만 아니라 현재 점포의 사업주도 항상 유동 인구의 동선 변화를 예의 주시하여야 한다.

유동 인구의 통행량 조사표

			10대		20대		30대		40대		50대 이상		소계		계
성별			남	여	남	여	남	여	남	여	남	여	남	여	
요일별		시간대													
월	오전	0시~ 1시													
		1시~ 2시													
		2시~ 3시													
		3시~ 4시													
		4시~ 5시													
		5시~ 6시													
		6시~ 7시													
		7시~ 8시													
		8시~ 9시													
		9시~10시													
		10시~11시													
		11시~12시													
	오후	12시~ 1시													
		1시~ 2시													
		2시~ 3시													
		3시~ 4시													
		4시~ 5시													
		5시~ 6시													
		6시~ 7시													
		7시~ 8시													
		8시~ 9시													
		9시~10시													
		10시~11시													
		11시~12시													
	소계														
화															
수															
목															
금															
토															
일															
총계															

::: 경쟁 점포의 현황

좋은 입지를 선정하기 위해서는 입지의 상태, 고객의 통행량 및 동선뿐만 아니라 주변의 경쟁 점포에 대한 조사도 필요하다. 경쟁 점포의 조사 시에는 입지 주변 경쟁 점포의 수와 경쟁력에 대하여 조사하여야 한다. 먼저 경쟁 점포들은 고객을 분산시키므로 출점할 입지 주변 경쟁 점포의 수를 파악하는 것이 중요하다.

점포 주변에 경쟁 점포가 많이 분산되어 있으면 각 점포로 고객이 분산되므로 자신의 점포로 고객의 유치가 쉽지 않으며, 반대로 경쟁 점포가 적은 경우에는 고객 분산이 덜 되므로 보다 많은 고객을 유치할 수 있다. 그러나 동종 업종의 점포들이 몰려 있는 경우에는 오히려 고객을 끌어 당기는 (+)의 효과가 일어난다. 따라서 점포 주변에 있는 경쟁 점포들이 자신의 점포에 (+)의 효과와 (−)의 효과 중 어떤 영향을 미치는지 철저히 조사할 필요가 있다.

다음은 경쟁 점포의 경쟁력을 조사하여야 한다. 경쟁력이 강한 점포는 약한 점포보다 고객의 유치율이 높게 나타난다. 예비 창업자는 출점할 입지 주변에 있는 경쟁 점포의 경쟁력을 조사하여, 어느 정도인지를 파악하여야 한다. (경쟁 점포의 경쟁력 참조) 만약 경쟁력이 월등히 강한 점포들이 있다면 그 입지에 출점하는 것을 재검토하여야 한다. 경쟁 점포보다 낮은 경쟁력으로는 고객 유치율이 낮아 매출을 올리기가 쉽지 않기 때문이다.

이와 같이 경쟁 점포의 경쟁력을 아는 것은 매우 중요하다. 경쟁 점포의 현황에 대한 정확한 파악은 해당 입지에 출점 여부의 판단 및 창업 전 경쟁력의 확보 대비책을 세우는 데 매우 중요하다.

경쟁 점포의 경쟁력

항목		A점포	B점포	C점포	D점포	E점포	F점포	비고
유형의 값어치	품질	ex)상						
	양	상						
	차별적인 상품	중						
	유형의 부가 서비스	상						
	상품 구매의 편리성	중						
무형의 값어치	브랜드	상						
	점포의 분위기	하						
	차별적인 상품(서비스)	중						
	무형의 부가 서비스	중						
	점포 이용의 편리성	상						
경쟁력의 평가		경쟁력의 종합 평가 시 주의할 사항은 업종 및 아이템, 점포의 이용목적 등에 따라 가중치의 차를 두어서 값어치 요소의 합을 산출하여 경쟁력을 평가하여야 함						

*항목의 값어치는 상·중·하 단계로 표기

*A~F 점포는 출점 예정지와의 거리 순

*무형의 값어치에서 차별적인 상품은 서비스 업종에서 상품으로 판매하고 있는 서비스임

*경영 편의 '우위의 경쟁력 확보' 참조

입지의 분석 및 평가

입지에 대한 조사를 마쳤다면 다음은 조사를 바탕으로 입지에 대한 분석 및 평가를 하여야 한다. (입지의 분석 및 평가표 참조)

분석과 평가는 입지에 출점 여부를 결정짓는 것이므로 정확하여야 한다. 주의할 점은 입지의 주변도 계속 변화한다는 사실이다. 입지의 조사가 오랜 시간 경과한 뒤에 해당 입지에 출점하고자 할 때는 기존 자료와 대비하여 변화 유무를 확인하여야 한다.

입지의 분석 및 평가표

입지(출점 예정지) : 경기도 안산시 단원구 선부동 ○○번지		
업종 및 아이템 : 소매 판매 업종, 24시 편의점		

<table>
<tr><td rowspan="4">입지의 상태</td><td>항목</td><td colspan="2">등급 및 분석</td></tr>
<tr><td>가시성</td><td colspan="2">ex) 등급 : 상, 고객의 시야에 잘 띔</td></tr>
<tr><td>접근성</td><td colspan="2">ex) 등급 : 중, 약간의 경사가 있음</td></tr>
<tr><td>인지성</td><td colspan="2">ex) 등급 : 상, 24시 사우나 건물 옆이어서 인지하기 쉬움</td></tr>
<tr><td>고객의 동선 및 주동선
(유동 인구의 측정표 참조)</td><td colspan="3">ex) 점포 앞이 유동 인구의 동선 상에 위치하고 있으나, 유동 인구가
그리 많은 편은 아님</td></tr>
<tr><td rowspan="5">입지 주변
경쟁 점포의 수</td><td>방향</td><td>직선거리________(m)이내</td><td>경쟁 점포의 수(개)</td></tr>
<tr><td>동</td><td>ex) 120</td><td>2</td></tr>
<tr><td>서</td><td>ex) 50</td><td>1</td></tr>
<tr><td>남</td><td>ex) 100</td><td>1</td></tr>
<tr><td>북</td><td>ex) 0</td><td>0</td></tr>
<tr><td>입지의 변화 여부</td><td colspan="3">ex) 상가 앞의 폭 2m 인도가 2개월 후부터 공사가 시작되어
폭 4m 인도로 확장 예정임</td></tr>
<tr><td>입지의 종합평가</td><td colspan="3"></td></tr>
</table>

STEP
4

점포, 선택부터 계약까지

점포형의 창업을 하기 위해서는 제대로 된 점포가 필요하다. 제대로 된 점포를 구하기 위해서는 고려할 사항이 많다. 즉 점포가 가지고 있는 위치의 부동성 등 고유의 특성, 자금 및 아이템 등과의 상관관계, 권리금, 보증금, 월세 등 점포의 가치성, 물리적·법률적 하자의 여부 등 여러 가지가 있다. 따라서 예비 창업자는 여러 사항을 정확히 읽어낼 수 있는 능력을 갖추어야 하며, 이러한 능력들을 갖추기 위해 부단히 노력하여야 한다.

제대로 된 점포 고르기

제대로 된 점포를 선택하기 위해서는 여러 가지 요인들을 고려하여야 한다. 여러 가지를 모두 만족시키는 점포를 찾기는 쉽지만은 않다.

창업의 마음을 갖는 순간부터 예비 창업자는 점포의 선택 시에 고려하여야 할 사항을 참조하여 끊임없이 자신과 주변 환경 등에 알맞은 점포가 있는지를 알아보아야 한다. 여기저기, 이 점포 저 점포를 보고 또 보고 많은 발품을 팔아야 한다. 필요하다면 창업 컨설턴트 등 전문가의 도움을 받아 점포를 선택하는 것이 좋다. 점포형의 사업에서 점포는 성공 창업의 절대적 요소 중의 하나이기 때문이다.

점포의 선택 시 고려하여야 할 사항

업종 및 아이템

예비 창업자는 점포를 선택하고자 할 때 자신이 하고자 하는 업종 및 아이템에 맞는 점포를 선택하여야 한다. (업종 및 아이템 참조)

업종 및 아이템과 어울리지 않는 점포는 고객에게 공감을 얻을 수 없으며, 이에 따라 고객의 내점률이 낮아지게 된다.

상권 및 입지

점포가 어디에 위치하느냐는 매우 중요하다. 상권과 입지에 알맞은 점포는 보다 많은 고객의 방문 및 재방문을 가능하게 한다. (상권 및 입지 참조)

자금

창업 시에 많은 비용이 들어가는 부분 중의 하나가 점포를 구하는 것이다. 예비 창업자는 점포를 구할 때에 자신의 자금력과 해당 점포의 권리금, 보증금, 월세 등의 적정 여부를 고려하여야 한다. 특히 점포의 권리금, 보증금, 월세의 적정 여부를 알기 위해서 예비 창업자는 스스로 판단 능력을 부단히 키워야 한다.

주변 점포의 업종 등

점포를 얻을 때에는 출점할 건물 및 주변 점포들의 업종 및 아이템 등을 고려하여야 한다. 먼저 동일 업종 및 아이템을 가진 경쟁 점포가 출점할 건물 및 점포의 주변에 있는지, 만약 있다면 몇 개가 있는지, 그 점포들의 경쟁력은 어떠한지 등을 면밀히 파악하여야 한다. 아울러 서로 보완 관계에 있는 업종이 있는지도 파악하여야 한다. 보완 관계 업종이 많을수록 매출 증대의 시너지 효과가 커지기 때문이다. 예를 들어 음식점 및 주류 관련 점포가 많으면 노래방의 매출이 높아지고, 병원이 많을 경우 약국의 매출이 높아지는 것과 같다.

한편 건물 내의 점포 선택 시에는 업종 및 아이템 등을 서로 보호하는 상가 규약 등이 있는지 확인하는 것도 필수이다. 이러한 상가 규약을 미리 확인하지 않으면, 점포의 인수 계약 후에 자신이 하고자 하는 업종 및 아이템을 가지고 창업을 못할 수도 있기 때문이다.

신축 상가 같은 경우에는 어느 업종 및 아이템의 점포가 입점 예정인지를 미리 분양업자 등에게 확인하여야 한다. 특히 신축 상가의 경우 입점하는 업종 및 아이템이 변화될 수 있으므로, 경험 없는 초보 예비 창업자는 선점 효과를 누리는 일부 업종 및 아이템으로 창업하려는 경우를 제외하고는 공사 진척 상황 및 분양 현황 등을 보아 가면서 출점 여부를 결정하는 것이 바람직하다.

계약 전 필수 체크 사항

점포 계약 전에 점포 또는 점포가 속한 건물이 문제가 없는지, 또 자신이 하고자 하는 업종에 점포가 문제가 없는지 등을 확인하여야 한다. 아무리 점포의 입지가 좋고 권리금이 낮다고 해도 문제가 있어 영업을 할 수 없거나, 추가로 많은 비용과 노력이 들면 안 된다. 따라서 예비 창업자는 점포 계약 전에 자신이 하고자 하는 업종에 점포가 문제가 없는지 반드시 확인하여야 한다.

점포 소유주 및 권리관계의 이상 유무

점포 계약 전에 점포의 실소유자와 권리관계 그리고 자신이 하고자 하는 업종에 이상 여부를 확인하여야 한다. 특히 직접적으로 점포와 관련된 상대가 아닌 대리인과의 계약 시에는 철저히 적법한 대리 위임인지 등을 확인하여야 한다.

::: 등기부 등본

등기부 등본은 표제부, 갑 구, 을 구로 구성되어 있다.

> **● 표제부**
>
> 표제부는 건물(지번, 구조, 용도, 면적) 또는 토지(지번, 지목) 등을 표시한다. 예비 창업자는 자신이 하고자 하는 업종이 건물의 용도와 어긋나지 않는지 확인하여야 한다. 건물의 용도에 맞지 않는 경우에는 자신이 하고자 하는 업종을 하지 못할 수도 있기 때문이다.
>
> **● 갑 구**
>
> 갑 구에는 소유권에 관한 사항 및 소유권의 제한 사항(압류, 가압류, 가처분, 가등기 등)이 표시되어 있다. 갑 구에는 소유권에 관한 사항이 표시되어 있어, 소유권이 언제 어떤 이유로 이전되었는지, 또 소유권의 제한 사항에는 소유권의 행사에 어떠한 제한이 있는지를 알 수 있다.
>
> **● 을 구**
>
> 을 구에는 소유권 이외의 제한 물권(저당권, 전세권, 지상권, 지역권) 등이 표시되어 있다. 을 구를 통하여 소유권 이외의 권리관계의 변경이나 말소 등을 알 수 있다.

::: 건축물 관리 대장

건축물 관리 대장에는 건축 허가 연월일, 허가 번호, 준공검사 연월일, 준공 번호, 건축주, 구조, 종별, 용도, 건축물 면적, 소유자 등이 기재되어 있다. 점포를 구할 때에는 건축물 관리 대장을 통하여 건축물이 무허가 건물인지 또는 점포의 일부분이 무허가인지 등을 확인해야 한다. 만약 무허가 건물인 경우 점포의 영업허가 등이 나오지 않기 때문이다.

점포 계약 시에는 점포의 면적을 정확히 알고 계약하여야 한다. 점포의 면적은 전용 면적과 공유 면적의 합이므로 특히 전용 면적을 정확히 알고 계약하여야 한다. 요즘은 공유 면적이 많이 포함되어 있는 경우가 많으므로, 등기부 등본과 건축물 대장의 면적이 상이할 경우 건축물 대장의 면적이 우선함을 알아야 한다.

⋮⋮ 도시계획 이용 확인원

도시계획 이용 확인원에는 도시 계획에 관한 사항, 각종 공법상 제한 사항, 국토 이용(용도 지역 지정)에 관한 사항, 앞으로의 개발 계획 등이 기재되어 있다.

점포 및 점포가 속한 건물 주변의 현재 용도 지역 등이 표기되어 있으며, 업종에 따라 인허가가 제한되는지 여부를 확인할 수 있다. 예비 창업자는 선택하려는 점포가 1종 근린 생활 지역에 있는지, 아니면 2종 근린 생활 지역에 있는지를 확인하고, 자신이 하고자 하는 업종의 인·허가에 지장이 있는지를 확인하여야 한다.

점포 및 점포가 속한 건물 자체의 이상 유무 확인

점포 및 점포가 속한 건물 자체에 이상이 있는 경우에는 정상적인 영업이 안 될 뿐만 아니라, 보수 시에 보수비용의 발생 및 정상 영업에 지장을 초래할 수 있으므로, 점포 계약 전에 점포 자체 및 점포가 속한 건물에 대한 꼼꼼한 확인이 필요하다. 천장 및 벽 등의 누수, 급수 및 배수, 습기 및 환기 상태, 문의 개폐 상태 등 물리적 상태를 꼼꼼히 살펴보고, 하자가 있는 경우에는 비용 처리를 어떻게 할 것인지를 점포 계약 전에 확인하는 것이 바람직하다.

관련 법규의 확인

일반적인 업종의 경우에는 세무서에 사업자 등록을 하고 영업을 하면 되지만, 일부 업종의 경우에는 해당 관청에 신고, 등록, 허가 등의 절차를 거쳐 허가를 얻어 영업을 하여야 한다. 선택하고자 하는 점포가 자신이 하고자 하는 업종 및 아이템에 법적으로 이상이 있는지의 여부는 꼭 확인하여야 한다.

⠿ 건물의 사용 용도

주거 용도, 사무실 용도, 점포 용도, 근린 생활 시설 용도 등의 확인이 필요하다. 건물 용도와 맞지 않을 경우에는 허가가 나지 않을 수도 있다.

⠿ 점포의 일정 크기

점포의 크기에 따라 관련 관청의 허가를 받아야 하는 경우와 안 받아도 되는 경우가 있다. 또 점포가 일정 크기 이상일 경우에, 점포 운영을 하기 위해서는 관련 자격증의 필요 등 부가적인 제약이 따를 수 있다. 따라서 점포의 크기가 자신이 하고자 하는 업종 및 아이템에 어떤 영향이 있는지도 확인할 필요가 있다.

⠿ 주택 밀집지역, 학교 등과의 이격거리

주택 밀집지역의 주민과 학교의 학생들을 보호하기 위해서 일부 업종의 점포인 경우에는 이들 보호지역으로부터 일정 거리 내에서는 영업 허가를 내주지 않고 있다. 따라서 자신이 하고자 하는 업종 및 아이템이 관련 법규에 해당하는지의 여부를 확인하여야 한다. 특히 청소년에 영향을 미치거나, 미풍양속에 저촉될 수 있는 업종을 하고자 하는 경우에는 면밀한 검토가 필요하다. 이와 연관될 수 있는 업종으로는 당구장, DVD방, 게임방, PC방, 단란주점 및 유흥주점, 여관 및 모텔 등 숙박업소 등이 있다. 이격거리는 절대 또는 상대 정화구역 등에 따라 이격거리가 다르므로, 정확한 확인을 하여야 한다.

⠿ 정화조의 용량

음식점 등 일부 업종의 경우에는 창업 시에 정화조의 용량 등을 확인하여야 한다. 정화조의 용량이 맞지 않으면 영업의 인·허가가 나지 않기 때문이다. 기존 점포의 사업주가 폐업을 하지 않아 승계가 가능한 경우에는 문제가 되지 않으나, 만약 기존 사업자가 폐업을 한 경우에는 가장 최신법의 적용을 받으므로 인수 시에 정화조의 용량에 문제가 생길 수 있으며, 최악의 경우에는 영업 허가가 나오지 않을 수 있음을 유념할 필요가 있다.

⠿ 행정 처분

업종에 따라서는 3진 아웃 제도를 시행하고 있는 업종이 있다. 이러한 업종으로 창업을 하려는 경우에는 관련 기관에 직접 방문하여 행정 처분을 받은 적이 있는지 확인하여야 한다. 행정 처분이 있었다면 언제, 어떻게, 몇 차례 받았는지를 반드시 확인해 볼 필요가 있다. 영업 위반으로 법적 제재가 누적되어 3진 아웃된 경우에는 동종 업종으로 허가되지 않기 때문에 해당 점포가 아무런 행정 처분이 없는

것이 가장 좋으며, 설령 1회 위반되어 있는 경우에도 인수에 큰 무리
는 없다. 그러나 이런 점포의 인수 시에는 권리금의 감액 요인임을
감안하여 인수하여야 한다.

문제는 2회 위반 점포를 인수하는 경우이다. 가격이 매우 낮다고 2
회 위반 점포를 인수하여 창업하는 경우에는 자신이 영업 중에 1회
만 위반하여도 3진 아웃으로 영업 점포가 폐쇄될 수도 있으며, 자신
이 추가로 위반을 하지 않더라도 다시 점포를 양도 시에는 인수자가
없어 양도에 무척 어려움을 겪을 수도 있다. 물론 이러한 점포를 인
수하여 다른 업종으로 창업하는 경우에는 큰 문제가 없으나, 나중에
행정 처분(3진 아웃) 업종으로는 다시 영업할 수 없음을 유념할 필요
가 있다.

∷ 소방 검정필

업종에 따라서는 인수자가 소방 검정필을 받아야 하는 경우와 안
받아도 되는 경우가 있다. 만약 소방 검정필을 받아야 하는 경우에는
인수하고자 하는 점포에 얼마의 공사비용 등이 소요될지를 미리 알
아볼 필요가 있다. 잘못하면 비싼 인테리어가 되어 있어, 막대한 권
리금을 주고 인수하기로 한 점포를 다시 공사해야 하는 사태가 발생
할 수도 있기 때문이다.

기타 확인 사항

∷ 전기 용량의 확인 등

자신이 하고자 하는 업종에 현재의 점포 전기 용량이 맞는지 확인

하여야 한다. 만약 전기 용량이 증설되어야 하는 경우에는 계약 전에 한전 등 전기 관련 기관 및 건물 관리 관계자(건물주, 점포주, 관리인 등)에게 증설 가능 여부를 확인하여야 한다. 증설 비용은 통상적으로 사용자의 비용 부담 원칙에 따라 임차인이 부담하지만, 점포 계약 전에 건물주 또는 점포주와 증설 비용 부담에 대하여 논의할 필요가 있다.

가스 용량의 확인 등

가스를 필요로 하는 업종인 경우에는 자신의 점포가 가스를 사용하는 데 지장이 없는지 확인하여야 한다. 자칫하면 가스 용량의 증설로 인하여 추가 비용이 발생할 수도 있기 때문이다.

권리금, 꼼꼼하게 따져라

점포를 잘 얻기 위해서는 점포와 관련된 여러 가지 사항, 그중에서도 점포의 권리금을 잘 알아야 한다.

일부 점포에는 권리금이 없는 경우도 있지만, 대부분의 점포에는 권리금이라는 것이 붙어 있다. 권리금은 딱히 정해진 금액은 아니다. 현 점포의 사업주와 점포를 얻으려는 창업자가 서로 점포와 그에 상응하는 금액을 타협하여 교환하면, 그 타협 금액이 권리금이 되는 것이다.

점포 인계자는 높은 권리금을 받으려 하고, 반대로 점포 인수자는 낮은 권리금을 지불하려고 한다. 예비 창업자는 자신이 인수하려는 점포의 권리금이 적정한지를 검토하여야 한다. 권리금에 대하여 정확히 알아야 현 시세보다 높은 권리금을 주고 점포를 인수한다든지, 반대로 너무 낮은 권리금을 받고 점포를 넘겨주는 우를 범하지 않기 때문이다.

만약 예비 창업자가 현 시세보다 낮은 권리금을 지불하고 점포를 얻은 경우에는 투자비용이 적게 되므로 투자 수익률을 높일 수 있고, 나중에 점포를 매도할 때에는 권리금의 차익 실현까지도 가능하게 된다. 또한 낮은 권리금 지불에 따른 절약분만큼 자금의 운용에 여유를 갖게 됨으로써, 사업 내내 좀 더 마음의 여유를 갖고 사업을 할 수 있게 해준다.

점포의 권리금은 ①바닥 권리금(입지 권리금) ②시설 권리금 ③영업 권리금의 합으로 구성되어 있으며, 점포마다 각 권리금의 인정 범위는 다르다. 통상적으로는 영업 중인 점포의 권리금에는 바닥 권리금, 시설 권리금 그리고 영업 권리금 등이 포함되어 있는 것으로 본다.

예를 들어 5천만 원의 권리금이 있는 점포가 있다고 하면, 그 권리금 5천만 원에는 바닥 권리금, 시설 권리금, 영업 권리금 등 각 권리금이 포함된 것이다. 5천만 원의 권리금이 각 권리금마다 얼마씩 계산되어 있는지를 파악해야만 권리금이 적정하게 계산되었는지를 알 수 있다.

먼저 바닥 권리금이 어느 정도인지를 알아보자.

바닥 권리금은 인접 점포 및 주변 점포의 바닥 권리금을 알아본 후에, 그 입지의 점포 바닥 권리금을 추정해내야 한다. 만약 바닥 권리금의 추정치가 3천만 원 정도로 계산된다면, 나머지 2천만 원은 시설 권리금과 영업 권리금이 되는 것이다.

그 다음은 영업 권리금에 대하여 생각해 보자.

만약 인수자가 동일 업종 및 아이템으로 사업을 지속한다면 앞으로 1년간 순수익 정도를 고려하여 영업 권리금을 추정하여야 한다. 앞으로의 1년간 순수익의 추정이 어렵다면, 현재부터 과거 1년간의 순수익으로 역 계산해낼 수도 있다. 따라서 인수자가 1천만 원 정도로 영업 권리금을 인정한다면, 나머지 1천만 원은 시설 권리금이 되는 것이다.

마지막으로 점포의 인테리어, 각종 설비 및 집기류 등 시설 권리금이 1천만 원 정도 되는지 검토해 보아야 한다. 이와 같이 각 권리금을 분리하여 계산함으로써 보다 정확한 권리금을 계산해낼 수 있는 것이다.

권리금의 인정 범위

영업 입지	양호	보통	불량	비고
양 호	바닥 권리금(O) +시설 권리금 (시설 상태에 따라) +영업 권리금(O)	바닥 권리금(O) +시설 권리금 (시설 상태에 따라) +영업 권리금(약간)	바닥 권리금(O) +시설 권리금 (시설 상태에 따라) +영업 권리금(×)	O: 전부 인정 · ×: 전부 불인정
보 통	바닥 권리금 (입지에 따라) +시설 권리금 (시설 상태에 따라) +영업 권리금(O)	바닥 권리금 (입지에 따라) +시설 권리금 (시설 상태에 따라) +영업 권리금(약간)	바닥 권리금 (입지에 따라) +시설 권리금 (시설 상태에 따라) +영업 권리금(×)	
불 량	바닥 권리금(×) +시설 권리금 (시설 상태에 따라) +영업 권리금(O)	바닥 권리금(×) +시설 권리금 (시설 상태에 따라) +영업 권리금(약간)	바닥 권리금(×) +시설 권리금 (시설 상태에 따라) +영업 권리금(×)	

바닥 권리금이란 보통 권리금이라고 부르기도 하는 것으로, 점포의 입지에 대한 권리금을 말한다. 점포가 어느 상권에 있는지 또 그 상권의 어느 입지에 위치해 있는지에 따라 바닥 권리금은 천차만별이다.

점포의 사업주는 누구나 사람들이 많이 오가고 또 모이는 곳을 선호한다. 이러한 입지의 점포는 아무래도 많은 고객이 이용하므로 점포형의 사업주면 누구나 원한다. 그러나 누구나 원하는 입지는 한정되어 있기에 서로 사업하기 좋은 입지, 소위 목이 좋다는 입지를 차지하기 위해 치열한 경쟁을 한다. 이에 따라 필연적으로 입지에 대한 대가, 즉 바닥 권리금(입지 권리금)이 생기게 되는 것이다.

기존 점포뿐만 아니라 새로 지은 신규 상가도 바닥 권리금이 존재한다. 신규 상가를 분양하는 분양업자는 점포의 분양가격을 책정할 때 바닥 권리금을 포함하여 책정한다.

기존 상권의 경우에는 주변의 바닥 권리금으로 신규 상가의 바닥 권리금을 추정해 낼 수 있으나, 신흥 상권에서는 바닥 권리금이 형성되어 있지 않으므로 신흥 상권에서 점포를 분양, 임대 받을 경우에는 바닥 권리금에 대한 면밀한 검토가 필수적이다.

상가 분양업자의 말만 믿지 말고, 신흥 상권의 개발 계획도 등을 참조하여 상권의 규모, 장래성, 완성 시기, 그리고 고객의 동선 등을 파악하고 또 주변 이웃의 상권에 형성되어 있는 점포의 권리금 등을 파악하여, 나름대로의 바닥 권리금을 유추해내야 한다. 그래야만 상가를 분양받아 점포형의 사업을 할 것인지 하지 않을 것인지, 또 상가를 분양받을 것인지 임대할 것인지의 여부를 결정할 수 있기 때문이다.

　이러한 신흥 상권에서 신규 점포를 분양받거나 또는 임대하는 경우에는 전문가의 도움을 받는 것이 좋다. 신흥 상권은 아무래도 현재 구체적으로 형성되어 있는 상태는 아니고, 앞으로 개발 계획에 따라 고객의 주동선 변화 등 많은 변수가 발생할 수 있기 때문이다.

　물론 기존 상권에서 건물주가 신규의 점포를 분양 또는 임대하는 경우에도 바닥 권리를 반영한다. 신규의 점포로 창업하려는 예비 창업자는 해당 점포의 분양가 또는 임대료가 적정한지를 판단할 수 있어야 한다. 판단할 때에는 인근 점포 및 주변 건물 등의 점포 시세 및 임대료, 권리금 등을 참고하여야 한다.

　높은 가격으로 신규의 점포를 분양 또는 임대받은 경우에는 점포 양도 시에 많은 손해를 볼 수 있으므로, 입지(바닥)에 대한 권리금의 검토를 철저히 하여야 한다.

시설 권리금

　시설 권리금이란 점포 인수자가 점포 인수 시에 점포의 인테리어, 각종 설비 및 집기류 등에 대한 비용을 점포 인계자에게 지불하는 것이다. 신규 점포(상가)는 각종 시설이 없으므로 시설 권리금은 없으며, 단지 바닥 권리금만 있다.

　시설 권리금의 계산 시에는 점포의 인테리어, 각종 설비 및 집기류의 품질(고급, 중급, 하급), 노후 정도를 고려하여야 한다. 특히 영업에 각종 시설이 중요한 시설 업종, 예를 들어 노래방, PC방 등의 경우에는 시설 권리금에 대한 검토를 꼼꼼히 하여야 한다.

시설 업종의 경우에는 다른 업종보다 시설이 중요하므로, 시설 권리금의 비중이 높다. 주의해야 할 점은 PC방의 경우와 같이 짧은 기간에 설비가 계속 업그레이드되고, 신제품의 설비가 쏟아지는 시설 업종의 점포를 인수할 때에는, 구형 등 쓸모없는 설비 등이 시설 권리금의 산정 시에 포함되지 않도록 하여야 한다. 시설 업종으로 창업하려는 예비 창업자는 창업 전에 해당 시설에 대한 많은 지식을 갖추어서 시설 권리금을 계산할 수 있는 능력을 갖추어야 하며, 그러하지 못한 경우에는 해당 시설의 전문가의 도움을 받아 정확히 설비를 계산해내야 한다.

영업 권리금

영업 권리금이란 통상적으로 1년 동안의 순수익 합으로 보지만, 꼭 그것만은 아니다. 여기에는 사업을 하면서 생긴 단골 고객 확보, 사업 인지도, 거래처 확보, 경영 노하우 등 영업 전반에 대한 무형자산의 가치가 포함된다. 즉 영업 권리금은 무형의 가치이므로 객관적 금액 산출이 어렵다. 점포를 인수하려는 인수자는 영업 권리금을 낮게 인정하려 하고, 반대로 현 점포 사업주(인계자)는 영업 권리금을 높게 부른다. 따라서 인수자는 좀 더 객관적이고 정확히 영업 권리금을 도출해내는 것이 중요하다. 그래야만 인수자 자신이 점포의 영업 권리금을 높게, 아니면 낮게 인수하는지를 알 수 있기 때문이다.

영업 권리금 산출을 위해서 현 점포 사업주(매도자)의 장부를 통해 지난 1년간의 순수익과 매출액 등을 알 수 있으면 좋겠으나, 일부 매도자 중에서는 허위장부(이중장부)를 보여주는 경우도 있으므로 전적으로 장부만을 믿을 수는 없다. 따라서 주변 경쟁 점포의 매출액과 비교 또는 월요일부터 일요일까지 내점객의 수, 고객 1인당 추정 매출액 등을 조사하여, 최대한 정확하게 매출액과 순수익을 도출할 필요가 있다.

두 번의 계약

점포를 계약할 때에는 두 번의 계약이 필요하다. 하나는 점포의 매도자와 맺는 '권리 양도 계약'이고, 또 다른 계약은 건물주와 맺는 '점포의 임대차 계약'이다. 두 번 맺는 계약이 모두 법적인 계약인 만큼 철저히 주의하여 계약을 하여야 한다.

 **점포의 권리 양도 계약 시에 유의하여야 할 사항**

- 매도 점포주의 본인 여부(주민등록증 등)
- 대리인 계약 시에 적법 여부(위임장 및 본인이 직접 발급받은 본인의 계약위임용 인감)
- 매도 점포주의 사업자등록증, 관련 허가증 등

- 점포의 소재지, 상호, 면적, 권리금, 현 임대 보증금 및 월세, 총 매
  도 금액
- 계약금, 중도금, 잔금 및 각 지급일의 확인 및 기재
- 건물주와 임대차 계약의 체결 여부에 대하여 매도 점포주가 책
  임질 수 있도록 기재
- 각종 비품 목록의 확인 및 작성
- 명의 이전 시에는 각종 서류 등의 양도 및 양도일 확인
- 기타 사항(예를 들면 매도인은 현 점포에서 반경 몇 km에서 동종 및 유사
  업종으로 영업 금지, 어떤 사항이 이행되지 않는 경우에는 계약 취소 또는 손
  해 배상 등)

점포의 임대차 계약 시에 유의하여야 할 사항

- 건물주의 본인 여부
- 대리인 계약 시에 적법 여부
- 점포 자체의 현 상태 및 보수 등의 필요 부분에 대한 비용 부담의
  확인

점포에도 임대차 보호법이 있다

영세한 점포 사업자들을 보호하기 위하여
2002년 11월 1일부터 정부는 임대차 보호법을 시행하고 있다.

 **점포 임대차 보호법의 주요 내용**

– 임대차 보호법의 적용 시점: 사업자 등록증, 임대차 계약서 원본, 건물 도면을 구비하여 관할 세무서장에게서 확정일자 인을 받은 익일부터 적용

– 임대차 보호 범위: 확정일자, 점유, 사업자 등록(세 가지 요건 중 가장 늦은 날 기준)을 마친 임차인은 임대 상가에 관한 경매 절차의 환가 대금에서 후순위 권리자나 기타 채권자보다 우선하여 보증금을 변제받음

– 임대차 보호기간
  • 점포 임대차의 기간: 통상 1년간

- 점포 계약 시 5년간 유지할 수 있는 권한 획득
  (단, 임차인은 임대차 계약 만료 전 6개월에서 1개월 사이 임대인에게 갱신 의사를 피력하여야 함)
  - 임차 보증금 및 월세 최대 인상률: 연 12% 이내로 제한

  - 임대차 보호법을 적용받지 못하는 경우
    - 임차인이 총 3회 임대료를 연체한 경우
    - 부정한 방법으로 임차한 경우
    - 임대인 허락 없이 임차한 건물을 다시 남에게 빌려준 경우
    - 임차한 건물을 고의 또는 중대한 과실로 파손한 경우
    - 재건축하는 경우

  - 상가 임대차 보호법의 각 지역별 한도 금액

구분	한도 금액
서울 지역	2억 6000만 원
수도권(과밀 억제권역)	2억 1000만 원
광역시(인천 제외)	1억 6000만 원
기타 지역	1억 5000만 원

※수도권 과밀 억제권역 : 인천, 의정부, 구리, 남양주, 하남, 고양, 과천, 성남, 안양, 부천, 광명, 수원, 의왕, 군포, 시흥
※전세 보증금과 월세를 내는 경우에는 월세 금액에 100을 곱한 금액을 전세 보증금에 합하여 계산 : 〈보증금+월세(월 임차료)〉×100

  - 소액 임차인 우선 변제권
    - 소액 임차상인의 경우 확정일자 인을 받지 않더라도 다른 담보 물권에 우선하여 경매 및 공매 시 30% 한도 내에서 최우선 변제
    - 상가 건물 임대차 소액 임대 보증금 범위

구분	소액 보증금	최우선 변제 금액
서울시	4500만 원 이하	1350만 원 한도
수도권	3900만 원 이하	1170만 원 한도
광역시	1170만 원 이하	900만 원 한도
기타	1150만 원 이하	750만 원 한도

점포매매(권리양도) 계약서

1. 부동산의 표시

소재지				
상호/지목			면적	평 (m²)
임대보증금	一金	원정	임대료(월세)	一金 원정
시설 및 권리금	一金	원정	매도금합계	一金 원정

2. 계약 내용

【제1조】 매수인은 매매(권리양도) 금액을 아래와 같이 지불하기로 한다.

매매대금	一金	(₩)원정
계약금	一金	원정은 계약과 함께 지불하고 영수한다.
중도금	一金	원정은 　년　월　일에 지불한다.
	一金	원정은 　년　월　일에 지불한다.
잔금	一金	원정은 　년　월　일에 지불한다.

【제2조】 매도인은 매수인의 입주 전까지 제공과금 및 잡비에 대한 납세필증과 영수증 등 제반 서류를 매수인에게 제시하여야 하며, 수시 결정이 불가한 것은 매도인의 잔금에서 계산하여 공제키로 한다.

【제3조】 계약 당일 보유하고 있는 일체가 권리금에 포함되며 만약 계약 이후 파손 또는 분실물이 발생할 시에는 매도인이 책임지고 원상복구하기로 한다.

【제4조】 임대차 기간은 12개월간으로 하며 만일의 경우 보증금 또는 임대료에 변동이 있을 시에는 매도인이 책임지며, 건물주와 임대차 갱신도 역시 책임진다.

【제5조】 매도인은 위 부동산을 명도 후라도 매도인의 고의 또는 과실로 인하여 매수인의 영업에 지장을 초래하게 했을 시는 이에 대한

손해배상의 책임을 지기로 한다.

【제6조】매도인이 본 계약을 위약 시 계약금의 배액을 매수인에게 지불하고, 매수인이 본 계약서를 위약 시 본 계약을 무효로 하며 매도인은 매수인에게 계약금을 반환치 않는다.

【제7조】중개수수료는 본 계약의 체결과 동시에 당사자 쌍방이 각각 지불하여, 중개업자의 고의나 과실 없이 거래 당사자 사정으로 본 계약이 해약되어도 중개수수료는 지급한다.

3. 특약 사항

매도인	주소				
	주민등록번호		전화		성명
대리인	주소				성명

매수인	주소				
	주민등록번호		전화		성명
대리인	주소				성명

상가 월세 계약서

아래 부동산에 대하여 임대인과 임차인은 합의하여 다음과 같이 임대차 계약을 체결한다.

1. 부동산의 표시

소재지					
토지	지목			면적	m²
건물	구조		용도	면적	m²
임대할 부분					

2. 계약 내용

【제1조】보증금 및 지급 시기　①임대인과 임차인은 임대차 보증금과 지불 시기를 다음과 같이 약정한다.

보증금	一金	원정 (₩　　　　　　　　)	
계약금	一金	원정은 계약 시에 지불하고 영수함	영수자
중도금	一金	원정은　　년　월　일에 지불하며,	
잔금	一金	원정은　　년　월　일에 지불한다.　　　印	
월세	一金	(부가세 불포함) 원정은 매월　일에 지급하기로 한다.	

　②제1항의 보증금은 공인중개사의 입회 하에 지불하기로 한다.

【제2조】존속기간　임대인은 위 부동산을 임대차 목적대로 사용, 수익할 수 있는 상태로 ＿＿년 ＿＿월 ＿＿일까지 임차인에게 인도하며, 임대차 기간은 인도일로부터 ＿＿년 ＿＿월 ＿＿일까지로 한다.(개월)

【제3조】용도변경 및 전대 등　임차인은 임대인의 동의 없이는 위 부동산의 용도나 구조 등을 변경하거나 전대, 임차권 양도 또는 담보 제공을 하지 못하며, 임대차 목적 이외의 용도에 사용할 수 없다.

【제4조】계약의 해지　임차인이 2회 이상 차임의 지급을 연체하거나 제3조를 위반했을 때는 임대인은 본 계약을 해지할 수 있다.

【제5조】계약의 종료   ①임대차 계약이 종료된 경우 임차인은 위 부동산을 원상으로 회복하여 임대인에게 반환한다. ②제1항의 경우 임대인은 보증금을 임차인에게 반환하고, 연체임대료 또는 손해배상 금액이 있을 때는 이들을 제외하고 그 잔액을 반환한다.

【제6조】계약의 해제   임차인이 임대인에게 계약 당시 계약금 또는 보증금 명목으로 금전이나 물건을 교부한 때에는 다른 약정이 없는 한 중도금(중도금이 없을 때는 잔금)을 지불할 때까지는 임대인은 계약금의 배액을 상환하고 임차인은 계약금을 포기하고 이 계약을 해제할 수 있다.

【제7조】채무불이행과 손해배상   임대인 또는 임차인이 본 계약상의 내용에 대하여 불이행이 있을 경우 그 상대방은 불이행한 자에 대하여 서면으로 최고하고 계약을 해제할 수 있으며, 계약 해제에 따른 손해배상을 각각 상대방에게 청구할 수 있으며, 별도의 약정이 없는 한 계약금을 손해배상의 기준으로 본다.

【제8조】중개수수료   공인중개사의 중개수수료는 다른 약정이 없는 한 본 계약의 체결과 동시에 임대인과 임차인 쌍방이 각각 지불하며, 공인중개사의 고의나 과실 없이 거래 당사자 사정으로 본 계약이 무효, 취소, 해제되어도 중개수수료는 지급한다.

【제9조】확인설명서 등 교부   공인중개사는 중개대상물 확인설명서를 작성하고 업무보증관계증서(공제증서 등) 사본을 첨부하여 ──년 ──월 ──일 거래당사자 쌍방에게 교부한다.

3. 특약사항
1. 기본 및 현 시설물 상태에서 임대한다.
2. 등기부 등본상 하자 없는 상태임.
3. 기타 사항은 임대차 보호법에 따르기로 한다.

본 계약에 대하여 임대인과 임차인은 이의 없음을 확인하고 각자 서명, 날인 후, 임대인, 임차인, 공인중개사가 각 1통씩 보관한다.

년   월   일

임대인	주소						
	주민등록번호		전화1		전화2		성명	印
임차인	주소						
	주민등록번호		전화1		전화2		성명	印
중개업자	사무소 명칭						
	사무소 소재지						
	대표	印					
	등록번호			전화			
	소속 공인중개사	印					

STEP
5

인테리어는
싸고 효율적으로

모든 것이 부족했던 시절에는 오직 상품 그 자체가 고객의 관심이었으며, 상품을 구매하는 점포는 별로 중요하게 생각하지 않았다. 그러나 요즘은 동일 가격과 품질의 상품을 취급하는 점포들이 많이 있다. 동일 상품 자체만으로는 많은 경쟁 점포 중 자신의 점포에서 고객으로 하여금 상품을 구매토록 하기가 쉽지만은 않다. 구매하고자 하는 상품이 동일 가격 및 품질이라면, 고객은 좀 더 점포의 내·외부 환경이 좋은 점포에서 구매하려고 한다.

인테리어, 왜 중요한가

요즘은 많은 동일 업종 및 아이템의 점포가 가까운 거리에서 서로 고객 유치의 경쟁을 치열하게 벌이고 있다. 따라서 다른 점포와 인테리어 수준이 비슷하거나 같아서는 고객에게 자신의 점포를 어필하기가 쉽지만은 않다.

점포의 인테리어는 동종 경쟁 점포와 차별화되고 고객에게 공감을 얻을 수 있어야 한다. 이러한 경쟁력 있는 점포의 인테리어는 다른 경쟁 점포보다 고객의 유치를 한결 용이하게 만들며, 내점한 고객으로 하여금 상품의 구매 의욕을 생기게 한다. 또한 고객으로 하여금 다시 방문하고 싶은 마음이 들도록 해준다.

따라서 예전같이 점포의 인테리어를 단순히 점포 내·외부의 장식 또는 치장이라는 생각을 해서는 안 된다. 대충 장식한 인테리어는 고객의 공감을 얻기가 힘들 뿐만 아니라, 결국은 고객의 외면을 받게 될 수 있음을 명심해야 한다.

요즘은 인터넷 등 각종 미디어의 발달로 날로 인테리어의 중요성이 커지고 있다. 제대로 된 점포의 인테리어는 치열한 경쟁에서 살아남을 수 있는 방법일 뿐만 아니라, 경쟁 점포를 압도할 수 있는 무기가 되는 셈이다.

경쟁력 있는 인테리어란

구매하고자 하는 상품이 동일 가격 및 품질이라면, 고객은 좀 더 점포의 내·외부 환경이 좋은 점포에서 구매하려고 한다.

따라서 고객으로 하여금 자신의 점포에서 상품을 구매토록 하기 위해서는 자신의 점포 인테리어를 다른 경쟁 점포의 인테리어보다 호감이 가도록 하여야 한다. 즉 다른 점포의 인테리어보다 우위의 점포 인테리어를 하여야 한다.

 **경쟁력 있는 인테리어**

우위의 경쟁력이 있는 점포의 인테리어는 고객에게 경쟁 점포보다

빨리 눈에 띄고, 오랫동안 기억될 수 있으며, 또 더 나은 점포의 분위기를 만들어 준다. 그러므로 우위의 경쟁력이 있는 점포의 인테리어는 보다 많은 고객의 유치와 상품의 판매를 가능토록 해준다. 따라서 경쟁력 있는 점포의 인테리어는 반드시 필요하다.

경쟁력 있는 점포의 인테리어를 하기 위해서는 예비 창업자 자신의 주도 하에 인테리어를 하든, 아니면 전문 인테리어 시공사에 의뢰하여 인테리어를 하든, 예비 창업자 자신이 보다 많은 인테리어의 지식을 알 필요가 있다. 인테리어의 기본 요령 뿐만 아니라 핵심 요령도 완전히 이해하고 숙지하여야 한다. 또한 잘 되어 있는 동종 업종 및 유사 업종의 점포 인테리어도 꾸준히 벤치마킹하여야 한다. 그렇게 함으로써 보다 저비용으로 고효율의 경쟁력 있는 점포의 인테리어를 할 수 있기 때문이다.

용어부터 공부하자

인테리어를 보다 효과적으로 하기 위해서는 우선 인테리어와 관련된 기본적인 용어를 알아야 한다. 그래야만 직접 자신이 점포를 할 때에나, 외부에 의뢰하여 인테리어 할 때에도 시공업자와 서로의 소통이 잘 되어 보다 효과적인 인테리어를 할 수 있기 때문이다. 전적으로 시공자에게만 의존하여 인테리어를 할 시에는 자신이 원하는 점포의 인테리어가 되지 않을 수 있으며, 자칫 인테리어를 전혀 모르는 것으로 보여 인테리어 비용이 상승될 수도 있다.

예비 창업자는 자신의 점포에 저비용 고효율의 인테리어를 하고 취급 상품을 돋보이도록 하기 위해서 인테리어 기본 용어뿐만 아니라, 인테리어의 전반에 대해 보다 많이 알 필요가 있다.

인테리어

일반적으로 점포 내·외부 전체 장식을 지칭하나, 원래 인테리어는 점포 내부의 장식(실내장식)을 말한다. 이와는 반대로 아웃테리어는 점포의 외부 인테리어를 말한다.

디스플레이

인테리어 중에서 상품, 소품 그리고 각종 설비 등을 진열하는 것을 말한다. 잘 짜여진 디스플레이는 지나가는 고객의 시선을 사로잡으며, 상품을 돋보이게 함으로써 보다 많은 고객의 방문을 유도해 더 높은 매출을 가능케 해준다.

디스플레이는 점포주의 노력과 요령 등으로 보다 저렴한 비용으로 보다 많은 효과를 이루어낼 수 있는 인테리어의 일부분이다.

파사드

점포 외부의 장식 중에서 간판을 포함한 점포의 전면부를 지칭한다. 파사드는 고객과 가장 먼저 마주치므로 사람의 첫인상과도 같다. 지나가는 사람들이 파사드를 보고 점포의 업종 및 아이템을 정확히 인식하고 호감을 갖도록 하여야 한다.

간판은 고객에게 어떤 점포인지를 알려주는 홍보의 수단이므로, 제대로 된 점포의 이미지 전달과 고객의 시야에 잘 띄도록 차별화하여야 한다. 따라서 바탕색, 글씨체, 글씨 크기와 색깔, 조도, 명도 등을 잘 이용하여야 한다. 이때 주의해야 할 점은 주변 건물 또는 경관과 비슷하여 동조화 현상이 나타나지 않도록 적절한 대비색을 사용하여야 한다는 것이다.

간판

간판은 고객에게 어떤 점포인지를 알려주는 홍보의 수단이므로, 제대로 된 점포의 이미지 전달과 고객의 시야에 잘 띄도록 차별화하여야 한다. 따라서 바탕색, 글씨체, 글씨 크기와 색깔, 조도, 명도 등을 잘 이용하여야 한다. 이때 주의해야 할 점은 주변 건물 또는 경관과 비슷하여 동조화 현상이 나타나지 않도록 적절한 대비색을 사용하여야 한다는 것이다.

기본 요령 다섯 가지

점포의 인테리어를 효과적으로 하기 위해서는 기본적인 인테리어의 요령을 알아야 한다. 점포의 인테리어는 크게 점포와 상품에 대한 인테리어로 나누어 볼 수 있다. 먼저 점포의 인테리어는 내·외부 요소로 나누어 볼 수 있다. 점포의 내부 요소는 바닥, 벽, 천장, 메뉴판 등의 인테리어이며, 외부 요소는 점포의 출입구, 간판 등의 파사드 부분을 포함한 아웃테리어이다. 점포와 상품의 인테리어를 효과적으로 하기 위해서는 조명, 색상, 모양, 소품, 디스플레이 등을 적절히 하여야 한다. 적절한 인테리어를 하기 위해서는 인테리어의 기본 요령을 잘 숙지할 필요가 있다.

기본에 어긋난 인테리어는 점포를 이용하는 고객에게 공감을 얻을 수 없으며, 오히려 불편과 반감을 줄 수 있다. 이와는 반대로 기본에 충실한 인테리어는 점포와 상품의 단점을 보완해주고 장점은 더욱

돋보이게 함으로써, 보다 많은 고객의 방문과 매출의 증대를 이룰 수
있게 해준다.

 ## 인테리어의 기본적인 요령

● 내부의 공간을 잘 분할해야 한다.

점포의 입구에서부터 점포 내부까지 공간 분할을 효율적으로 하여야 한다. 점포의 공간
을 분할할 때에, 고객과 종업원의 동선을 고려하여 내점한 고객이 점포의 내부에서 일을
본 후, 퇴점할 때까지 불편을 느끼지 않도록 하는 것이 중요하다. 물론 점포의 종사자가
일을 하는 데 불편을 겪지 않게 하여야 한다.

또한 내부를 좀 더 넓게 사용할 수 있도록 하여야 한다. 층고의 높이가 높은 경우에는 복
층 구조로 하는 것도 하나의 방법이다. 아울러 좁은 점포를 좀 더 넓게 보이도록 벽면 등
에 거울을 설치하거나 천장의 색상을 하늘색 바탕으로 함으로써 고객이 답답함을 느끼지
않게 하는 것이 좋다.

● 색상을 잘 사용하여야 한다.

색상의 활용은 매우 중요하다. 제대로 된 점포와 상품의 색상은 고객에게 보다 효과적으
로 어필한다. 업종 및 아이템에 어울리는 색상은 보다 명확하게 점포의 이미지 전달을
가능케 하며, 상품과 주변의 용기 등의 적절한 색상 대비는 상품을 돋보이게 해줌으로써
보다 많은 상품의 판매를 가능토록 해준다. 이와 같이 색상의 적절한 구사는 고객의 내
점율과 재방문율을 높이고, 또한 매출을 증대시키는 데 한 몫을 한다.

● 조명을 잘 활용하여야 한다.

조명은 점포의 분위기와 상품에 많은 영향을 미친다. 점포와 상품에 어울리는 조명은 고
객으로 하여금 구매 의욕을 높이고 또한 다시 찾고 싶도록 해주므로 조명을 잘 활용하여
야 한다. 주의할 점은 눈부심 현상이나 빛의 산란 현상이 발생하지 않도록 하여야 한다
는 것이다.

● **소품을 잘 활용해야 한다.**

미술품, 조각품 등 각종 소품을 적절히 활용하여야 한다. 물론 음악도 하나의 훌륭한 소품이 될 수 있다. 각종 소품을 적절히 활용하면 적은 비용으로도 다른 경쟁 점포보다 더 돋보이게 할 수 있다.

소품은 계절의 변화와 유행에 맞도록 효과적으로 활용해야 함을 잊어서는 안 된다. 소품을 좀더 잘 활용하기 위해서는 다른 점포의 소품 활용을 벤치마킹할 필요가 있다.

● **디스플레이를 잘하여야 한다.**

디스플레이는 상품이나 소품 등을 점포에 진열하는 것이다. 보다 효과적인 디스플레이로 상품을 돋보이게 함으로써 고객의 눈에 잘 띄고 고객의 시선이 집중되도록 하여야 한다. 이러한 디스플레이를 하기 위해서는 보색의 대비, 계단식 진열, 적절한 소품 활용 등이 필요하다. 디스플레이는 주기적으로 변화를 주어 단골 고객 등 이용 고객이 식상함을 느끼지 않도록 해주어야 한다.

상품의 진열시에는 점포 바닥으로부터 높이 0.8~1.6m에 핵심 상품을 집중 배치하고, 밑에서부터 위로 올라갈수록 가벼운 상품을 진열하여 안정감을 유지하는 것이 좋다.

심화 요령 여섯 가지

오늘날 점포 인테리어는 하루가 다르게 변하고 있다. 단순한 점포의 장식에서 벗어나, 또 하나의 마케팅적 요소를 포함한 점포 인테리어로 변하고 있는 것이다. 즉 자신의 점포 인테리어를 경쟁 점포보다 더 고객의 공감을 얻을 수 있도록 차별화함으로써, 고객의 유치에 좀 더 유리한 경쟁력의 한 요소로 진화되고 있는 것이다.

예비 창업자는 요즘 점포 인테리어의 중요성과 변화를 충분히 인식하여 경쟁 점포보다 경쟁력이 있는 점포 인테리어를 하도록 하여야 한다. 이러한 점포의 인테리어를 초보 예비 창업자가 하기는 쉽지 않다. 따라서 점포 인테리어는 되도록 전문가 또는 전문 업체에 의뢰하여 시공하는 것이 가장 바람직하다.

그러나 현실에서는 자금의 한계 때문에 전문 업체에 인테리어 시공을 전적으로 맡기기가 쉽지만은 않다. 따라서 좀 더 적은 비용으로 제대로 된 인테리어를 할 수 있는 방안을 찾아내야 한다. 즉 저비용 고효율의 인테리어가 될 수 있도록 하여야 한다. 그러기 위해서 예비 창업자는 자신의 주도하에 인테리어의 핵심 요령에 맞춰서 점포 인테리어를 하여야 한다.

차별화되어야 한다

고객에게 쉽게 눈에 띄고, 오랫동안 기억될 수 있도록 고객에게 공감을 얻을 수 있어야 한다. 다른 경쟁 점포와는 차별화되어야 한다. 그렇게 함으로써 고객에게 보다 쉽게 눈에 띄고, 오랫동안 기억될 수 있기 때문이다. 인테리어의 차별화 시에 주의해야 할 점은 고객에게 공감을 얻을 수 있으며, 경쟁 점포의 인테리어보다는 우위의 인테리어가 되어야 한다는 것이다.

업종 및 아이템과 어울려야 한다

점포 앞을 지나는 고객이 점포를 슬쩍 쳐다만 보아도 그 점포가 어떤 점포인지를 알 수 있어야 한다. 지나가던 고객이 점포를 인식하고 반응하는 데에는 0.3초가 걸린다고 한다. 이처럼 짧은 시간에 고객이 자신의 점포가 어떤 점포인지를 인식토록 하기 위해서는 점포 인테리어에 업종 및 아이템이 제대로 나타나 있어야 한다.

콘셉트가 있어야 한다

업종 및 아이템과 어울리는 독특한 이미지의 콘셉트가 있는 점포
는 콘셉트가 없는 점포와는 다르게 고객의 공감을 얻을 수 있다. 고
객에게 오랫동안 기억되고 또한 들어가고 싶고, 또 다시 찾고 싶은
충동을 일으킬 수 있는 콘셉트로 시선을 사로잡아야 한다. 요즘은 점
포 간에 경쟁이 심하다 보니, 다른 경쟁 점포와의 차별성에만 너무
집중하는 경향이 있다. 콘셉트가 없는 차별성으로는 고객의 공감을
얻을 수 없음을 유념하여야 한다.

상권 및 입지에 어울려야 한다

점포의 인테리어가 상권에 어울리지 않게 너무 화려하고 고급스럽
거나 또는 조잡하거나 저급하다면, 그 상권의 고객으로부터 공감을
얻을 수 없다. 따라서 상권의 특성 등을 정확히 파악하여 그 상권 및
입지에 어울리는 점포의 인테리어를 하여야 한다. 이렇게 하기 위해
서는 먼저 상권 및 입지 내에 있는 동종 및 유사 업종의 점포 인테리
어를 주의 깊게 관찰하여, 지역의 인테리어 수준 등을 파악하여야 한
다.

트렌드에 맞도록 하여야 한다

트렌드는 계속 변화하고 진화하는 속성이 있으므로, 트렌드에 부

합하는 인테리어로 시대의 흐름, 유행에 맞도록 점포의 이미지를 구축하여야 한다. 따라서 예비 창업자는 자신이 하고자 하는 업종 및 아이템의 인테리어 트렌드를 정확히 읽을 수 있어야 한다. 물론 정확히 읽고 그보다 좀 더 앞선 트렌드로써 고객에게 공감을 얻을 수 있다면 그것이야말로 금상첨화의 인테리어이다.

트렌드의 변화를 놓치지 않기 위해서는 점포형의 사업 종료 시까지 트렌드에 대한 관심을 놓아서는 안 된다. 점포형의 사업 중에도 변화하는 트렌드에 맞춰 적은 비용으로 지속적인 인테리어로 업그레이드함으로써, 신규 고객의 창출 및 고정 고객의 이탈 방지를 하여야 하기 때문이다. 특히 패션, 의류, 장식 등 트렌드에 민감한 업종 및 아이템의 점포 인테리어 시에는 트렌드의 반영에 많은 신경을 써야 한다.

주 고객층에 맞도록 하여야 한다

자신의 점포를 이용하게 될 주 고객층이 선호하는 점포의 인테리어를 하여야 한다. 그러기 위해서는 이용 고객의 특성(성별, 연령, 직업, 소득수준, 취향 등)을 면밀히 파악하여야 한다.

고객층이 선호하는 점포의 인테리어는 고객에게 공감을 줄 수 있으며, 따라서 보다 많은 고객으로 하여금 점포를 방문하도록 만든다.

본격적인 공사를 시작하기 전에

점포를 인테리어하기 위해서는 많은 비용과 시간이 소요될 뿐만 아니라, 공사 중이거나 완료 후에 인테리어를 변경하는 경우에는 추가로 비용과 시간이 소요된다.

제대로 된 시공으로 계획한 인테리어가 되어야 쓸데없이 나가는 비용과 시간을 절약할 수가 있다. 따라서 인테리어 공사에 장애가 되거나 문제될 소지가 있는 것은 사전에 제거하고, 또 공사 시에 반영되어야 할 사항은 반드시 포함될 수 있도록 하는 것이 필요하다.

관련 법규의 확인

예비 창업자 자신이 하고자 하는 업종과 관련되는 소방법, 정화조

용량 등 각종 인·허가의 관련 사항을 인테리어의 공사 전에 반드시 확인하여야 한다. 인테리어의 공사 후 또는 공사 중에 관련 법규에 맞지 않아서 재시공하는 잘못을 범해서는 안 되기 때문이다.

관련 법규는 해당 지역 시·군·구청, 소방서 등에서 알아볼 수 있다.

가건물 여부의 확인

점포나 점포의 일부 또는 점포가 속한 건물이 가건물인지도 반드시 확인하여야 한다. 현재 영업 중인 점포 중에도 가건물로 되어 있는 경우가 종종 있다.

가건물로 되어 있는 점포인지도 모르고 점포를 인수하여 인테리어를 한 후에, 자신의 업종이 가건물이라서 인·허가가 되지 않을 경우에는 큰 낭패를 볼 수 있다.

건물주, 주변 사업주 등과의 회동

인테리어 공사 시에는 소음 및 분진 등의 발생, 벽의 균열 등 여러 문제점이 발생될 수 있으며 이로 인하여 주변 점포의 영업에 피해를 주게 됨은 물론 해당 건물에도 피해를 끼칠 수 있다.

따라서 인테리어 공사 전에 주변 점포주 그리고 건물주에게 공사와 관련하여 상의와 양해를 얻는 것이 필요하다. 이러한 공사 전의 사전 조율은 공사의 진행을 원활하도록 해줌으로써, 공사 지연에 따른 추가 비용 및 시간의 손실을 방지한다.

STEP
6

남다른 경영이 필요하다

점포형의 창업에서 성공하기 위해서는 올바른 아이템의 선정과 아이템에 어울리는 입지도 중요하지만 무엇보다도 점포를 잘 운영하여야 한다. 요즘 같이 동일 업종 및 아이템의 경쟁 점포들이 가까운 거리에서 치열하게 고객 유치 경쟁을 하는 때에는 더욱더 점포를 탁월하게 경영하는 것이 필요하다.

탁월한 경영 능력이란

자금의 열세로 좋은 입지에 점포를 구하기 어렵고, 또한 점포의 규모나 인테리어 등에서도 경쟁 점포보다 뒤질 수밖에 없는 소자본 영세 창업자의 성공 창업을 위해서는 탁월한 경영이 절실하다.

점포형의 사업에서 탁월한 경영 능력은 보다 우위의 경쟁력 확보, 제대로 된 직원 관리, 효과적인 고객 관리 그리고 외부의 환경 변화에 적절한 대처를 하는 것이다. 이렇게 함으로써 보다 많은 고객의 방문과 재방문을 이룰 수 있으며, 이에 따라 보다 많은 매출과 이익을 발생시킬 수 있다. 또 환경의 변화 시에 남보다 빠르게 적절한 대처를 가능케 함으로써 손실의 최소화 또는 이익의 최대화를 이룰 수 있다.

점포형의 사업을 창업하려는 예비 창업자뿐만 아니라 현재 점포를 운영 중인 점포주는 반드시 점포를 탁월하게 경영할 수 있는 능력을 갖추어야 하며, 사업 중에도 지속적으로 경영의 능력을 향상시키기 위한 노력을 하여야 한다.

더 나은 경쟁력 추구

고객은 자신이 지불하는 값보다 더 많은 값어치를 취할 수 있는 점포에서 구매 행동을 한다.

구매 결정 : 고객이 취하는 값어치 ≥ 지불 값

또한 동종의 여러 경쟁 점포가 있는 경우에는 동일한 지불 값에서 가장 많은 값어치를 취할 수 있는 점포에서 구매 행동을 한다.

구매 점포 : 고객이 가장 많이 값어치를 취할 수 있는 점포

보다 많은 값어치의 제공은 보다 많은 고객의 방문을 유도하는 우위의 경쟁력을 갖게 한다. 따라서 자신의 점포를 경쟁력 있는 점포로 만들기 위해서는 현재 점포를 경영 중인 점포주는 물론 예비 창업자도 자신의 점포를 고객이 보다 많은 값어치를 취할 수 있는 점포로 만들어야 한다.

점포에서 고객이 취할 수 있는 값어치로는 유형과 무형의 값어치가 있다.

값어치 요소의 합 = 유형의 값어치 요소 + 무형의 값어치 요소

유형의 값어치	무형의 값어치
지불 값(또는 지불한 동일 값)보다 좋은 품질	손님맞이(고객 맞이)
지불 값(또는 지불한 동일 값) 보다 많은 양	점포의 분위기, 브랜드
차별적인 상품	차별적인 상품(서비스 업종에서는 서비스)
유형의 부가 서비스 ex)덤의 제공, 포인트 적립 및 사용의 편리성	무형의 부가 서비스 ex) 이용 시간의 혜택 등
상품 구매의 편리성 (다양한 상품, 연관성 상품의 구비)	점포 이용의 편리성(양호한 입지, 주차 편의 등)

점포에서 지불 값보다 취하는 값어치의 합이 크면 클수록 고객이 느끼는 만족도는 높아지며, 따라서 만족도가 높은 고객은 해당 점포를 보다 많이 이용하게 된다.

값어치의 합을 계산할 때에 주의해야 할 점은 값어치의 요소마다 값어치의 가중치를 다르게 주어야 한다는 것이다. 업종 및 아이템에 따라, 이용하는 고객의 목적에 따라, 고객이 느끼는 각 값어치 요소의 만족도가 다르기 때문이다. 물론 이용하는 고객의 만족도가 높은 값어치의 요소일수록 높은 가중치를 주어서 계산하여야 한다.

경쟁력의 비교를 위한 값어치의 계산을 위해서는 먼저 경쟁 점포에서 고객이 취할 수 있는 각 값어치의 요소와 합을 정확히 파악하여야 한다. (경쟁 점포의 값어치 조사표 참고) 그 다음에 예비 창업자 자신의 점포에서 고객에게 줄 수 있는 각 값어치의 요소와 합을 객관적으로 도출해낼 필요가 있다.

만약 자신의 점포에서 고객이 취할 값어치가 낮아서 우위의 경쟁력을 갖지 못하게 되는 경우에는 창업 전에 부족한 부분을 최대한 보완한 후, 우위의 경쟁력을 충분히 갖출 수 있다고 판단될 때 창업하여야 성공적인 창업을 이룰 수 있다. 또한 창업 후에도 지속적인 성공 유지를 위해서는 사업 내내 값어치의 합에서 우위를 지켜야 함은 물론 우위의 값어치 요소도 계속 늘려 나가야 한다. 현재 매출이 낮은 점포는 각 값어치의 요소마다 자신의 점포에서 고객이 취하는 값어치를 객관적으로 도출한 후에 보다 많은 값어치의 합을 줄 수 있도록 하여야 한다.

값어치의 합을 가장 효율적으로 높일 수 있는 방법은 유·무형의 값어치 중에서 자신의 점포에서 가장 적은 비용으로 가장 많은 효과를 볼 수 있는 값어치의 요소를 찾아서, 이를 먼저 개선하여 값어치를 높이는 것이다. 고객에게 줄 수 있는 값어치에는 유형의 값어치와 무형의 값어치가 있다.

유형의 값어치

유형의 값어치는 고객이 직접적으로 얻을 수 있는 형태의 값어치이다.

⠿ 지불 값보다 좋은 품질

고객은 지불 값(또는 경쟁 점포에서 지불한 동일 값)보다 좋은 품질의 상품을 구매한 때에는 보다 큰 값어치를 취하게 되며, 따라서 보다 큰 만족을 느끼게 된다. 점포주는 고객이 보다 큰 만족을 느낄 수 있도록 좋은 품질의 상품을 고객에게 제공할 수 있어야 한다. 그러기 위해서는 먼저 취급하는 상품의 원·부재료를 정확히 알 필요가 있다. 자신의 업종 및 아이템에서 취급하는 원·부재료를 정확히 알아야 좋은 품질의 원·부재료 선택 및 구입뿐만 아니라 가공 등을 잘 할 수 있기 때문이다. 따라서 예비 창업자는 창업 전에 자신이 하고자

하는 업종 및 아이템에서 사용 및 판매하는 원·부재료를 정확히 아
는 것은 물론 보다 나은 가공 기술의 습득 등을 하는 것이 필요하다.

⠿ 지불 값보다 많은 양

고객은 지불 값(또는 경쟁 점포에서 지불한 동일 값)보다 많은 양의 상
품을 구매한 때에는 보다 큰 값어치를 취하게 되며, 따라서 보다 큰
만족을 느끼게 된다. 점포주는 고객이 보다 큰 만족을 느낄 수 있도
록 보다 많은 양의 상품을 고객에게 제공할 수 있어야 한다. 예비 창
업자의 경우에는 후발자이므로 동일 값에 보다 많은 양을 제공하기
가 쉽지 않다. 특별히 자금이 많아 아주 낮은 가격에 원·부재료를 구
입할 수 있는 경우를 제외하고는 현 사업 중인 점포보다 더 낮은 가
격으로 구매하기가 어렵기 때문이다. 따라서 보다 많은 발품을 팔아
서 보다 낮은 가격에 원·부재료를 구입할 수 있는 방법을 찾아두어
야 한다.

⠿ 유형의 유일한 또는 색다른 차별적인 상품

다른 점포와 동일한 상품을 판매해서는 보다 많은 고객을 유치할
수 없다. 다른 점포에서는 판매하지 않는, 자신의 점포에서만 판매하
는 상품이 있어야 보다 많은 고객을 유치할 수 있다. 자신의 점포에
서만 판매하는 상품에서 고객은 자신의 지불 값보다 큰 값어치를 느
낄 수 있어야 한다. 값어치가 없는 차별성의 상품은 고객에게 만족도
를 줄 수 없으며, 따라서 어느 고객도 구매하려 하지 않기 때문이다.

현재 점포를 경영하는 점포주나 창업을 생각하고 있는 예비 창업
자는 값어치가 있는 차별성의 상품을 자신의 점포에서만 판매할 수
있도록 하여야 한다. 값어치가 있는 차별성의 상품은 고객의 만족도

가 높아 고객의 구매와 재구매를 높이기 때문이다. 따라서 값어치 있는 차별성의 상품을 유일하게 판매할 수 있도록 현 점포주나 예비 창업자는 동종 업종의 경쟁 점포들을 항상 관심을 갖고 관찰하여야 하며, 유사 업종의 점포들도 꾸준히 벤치마킹할 필요가 있다.

⋮⋮ 유형의 부가 서비스

고객에게 제공할 수 있는 부가 서비스는 유형의 부가 서비스와 무형의 부가 서비스로 나눌 수 있다. 무형의 서비스는 무형의 값어치에서 설명하기로 하고, 여기서는 먼저 유형의 부가 서비스에 대해 살펴보기로 하자.

유형의 부가 서비스로는 덤(공짜)의 제공과 현금처럼 사용할 수 있는 포인트의 적립 등이 있다. 속담에 '공짜면 양잿물도 마신다'는 말이 있다. 같은 지불 값에 보다 많은 혜택을 볼 수 있다면 어느 고객이 싫다고 하겠는가. 부가 서비스의 제공 시에 특히 유념하여야 할 사항은 적은 비용으로 가장 큰 호감을 고객으로부터 이끌어 내야 한다는 것이다. 부가 서비스의 제공 시에 많은 비용이 들면 들수록 수익성의 악화로 나타날 수 있기 때문이다.

필자의 점포 사업 경험에 의하면 점포를 이용하는 고객들의 만족도는 점포 이용의 주목적 또는 부가 목적에 부가적인 서비스를 제공했을 때 높게 나타난다. 따라서 적은 비용으로 고객의 만족도가 가장 큰 유형의 부가 서비스를 제공할 수 있도록 하여야 한다.

⋮⋮ 상품 구매의 편리성

점포주는 자신의 점포에서 가능한 한 다양하게 또는 연관 있는 상품을 구비하여 취급할 필요가 있다. 그렇게 함으로써 고객의 상품의 선택 폭을 넓힐 수 있으며, 또한 구매 활동을 보다 편리하게 해줄 수 있기 때문이다. 그러나 상품을 많이 구비하기 위해서는 많은 비용(넓은 부지 및 다량의 상품 구입 등)이 소요되므로 점포주는 자신의 점포 규모에 맞게 효율적으로 상품을 구비할 필요가 있다. 그러기 위해서는 자신이 하고자 하는 업종과 동일한 업종의 점포를 이용하는 고객들에 대한 구매 패턴 등에 대하여 사전에 면밀히 검토할 필요가 있다.

무형의 값어치

무형의 값어치는 형태가 없고 눈에 띄지 않아 값어치를 수량으로 나타낼 수 없으나, 고객이 느낄 수는 있는 값어치이다. 따라서 무형의 값어치 또한 유형의 값어치 못지않게 중요한 값어치이다. 성공 창업을 위해서는 유형의 값어치뿐만 아니라 무형의 값어치도 높여서 값어치의 합을 높여야 한다.

손님맞이(고객 맞이)

무형의 값어치 중에는 투자비용이 전혀 없는 것이 있다. 이러한 대표적인 무형의 값어치로는 제대로 된 손님맞이(고객 맞이)가 있다. 손님맞이는 점포형의 사업에서 가장 기본이다. 점포형의 사업은 자신의 점포를 방문한 손님맞이로부터 출발하기 때문이다. 따라서 점포주가 고객을 어떻게 대하느냐는 매우 중요하다. 고객 응대의 잘잘못에 따라 고객이 단골 고객이 될 수도 있고, 아니면 일회성의 고객으로 끝날 수도 있기 때문이다. 자칫 잘못하면 안티 고객이 될 수도 있음을 명심하여야 한다. 이처럼 손님맞이는 매우 중요한 것이다. 점포

주의 경쟁력도 먼저 손님맞이의 기본기가 어느 정도인가에서부터 출발한다.

　손님맞이를 잘할수록, 고객은 그 점포주에게 호감을 갖게 되고 점포 이용의 만족도가 높아져서 다시 방문하게 된다. 따라서 미래의 점포주인 예비 창업자는 손님맞이의 기본기를 제대로 갖추도록 노력하여야 한다. 손님맞이의 기본기도 제대로 안 갖추고 사업 자금이 많으니까, 해 왔던 일이니까, 부업으로 하는 것이니까, 빨리 돈을 벌어야 하니까 등 여러 이유로 창업을 하는 경우가 많이 있다. 이렇게 해서는 결코 점포형의 사업에서 성공할 수 없다. 점포에 고객이 들어왔는데도 말 한마디 안하고, 무표정하게 응대하는 점포주는 결코 경쟁력 있는 점포를 만들 수 없다.

　이와 같이 손님맞이의 기본기가 몸에 배지도 않은 상태에서 창업하여 고객을 맞이하는 경우에는 고객과의 마찰 등 여러 문제점이 나타날 수 있으며, 이로 인하여 고객 이탈 및 재방문 고객의 감소 등이 발생하게 된다.

　특히 공무원, 군인, 교사 등 전문직 근무 종사자 그리고 대인 관계가 적은 주부 등의 예비 창업자는 손님맞이의 기본기를 제대로 갖춘 후에 창업하도록 하여야 한다. 창업 전의 자신에 대한 모든 것을 버리고 새 술은 새 부대에 담아야 한다는 생각으로 점포형의 사업에 대한 기본기를 갖추도록 노력하여야 한다.

　손님맞이의 기본기는 습관처럼 몸에 배어 있어야 한다. 손님맞이의 기본기를 알고 있는 것만으로는 사업주의 경쟁력이 생기지 않는다. 몸에 배어 습관처럼 행동할 때에 비로소 사업주의 경쟁력이 생기는 것임을 잊어서는 안 된다.

고객은 점포주나 직원이 고객에게 대하는 손님맞이를 시각(표정, 용모, 자세, 태도 등), 청각(목소리, 말씨, 억양, 말의 속도, 호흡 등), 기타(말의 내용, 전문지식, 숙련된 기술 등) 등을 종합적으로 판단하여 자신이 손님으로써 대우를 받는지를 가늠한다. 따라서 손님맞이(고객 맞이) 응대의 기본기에 위에 설명한 시각, 청각, 기타 등을 고객이 원하는 수준 이상으로 갖추고 행동할 수 있어야 한다. 이렇게 함으로써 고객에게 거부감이 없이 붙임성 있게 다가갈 수 있고, 고객에게 호감을 줄 수 있기 때문이다.

또 손님맞이를 제대로 하기 위해서는 다시 방문한 고객을 정확히 알아보고 고객을 맞이하여야 한다. 그러기 위해서는 점포주와 직원이 고객 인식 및 기억의 능력을 갖추어야 한다.

점포 근무자(점포주와 직원)나 고객 모두 인간이다. 점포 내에서 이루어지는 거래에서 인간적인 면을 완전히 배제할 수는 없다. 고객이 해당 점포를 재방문했는데도 주인이 전혀 못 알아보는 경우에는 고객과 인간적인 교감을 나눌 수 없다. 한 번 방문하였거나, 거래하였던 고객을 잘 기억하여 재방문 또는 재거래 시 인간적인 접근이 이루어지도록 하여야 한다.

고객과 인간적인 교감을 나눔으로써, 좀 더 고객과 친밀한 인간적인 유대관계를 형성할 수 있으며, 이러한 고객과의 인간적 관계는 고객의 이탈을 막을 수 있을 뿐만 아니라, 단순 고객을 단골 고객으로 만들어주기 때문이다.

먼저 첫 번째의 고객 관리 시스템과 같은 인식기기에 대하여 알아보자.

이러한 인식기기는 사람의 뇌기억보다 정확도에서는 높으나, 고객을 보는 순간에 고객을 순간적으로 인식하지 못함으로써, 고객과의 친밀감 형성에서는 뒤떨어진다. 따라서 인식기기 등 기기에 의존하는 인식 방법은 주문 배달형의 점포와 같이 고객의 얼굴을 직접 대면하지 않는 점포에서 사용하는 것이 바람직하다. 이때 주의해야 할 점은 고객을 직접 대면하지 않는다고 사무적으로 응대를 하여서는 안된다는 것이다. 고객과 인간적 교감이 없는 사무적 응대는 고객과의 관계에서 친밀성이 떨어져 고객을 단골 고객으로 만들기 어렵기 때문이다.

인식기기가 고객을 인식하는 순간에 인간적인 교감을 고객과 나누어야 한다. 말 한마디라도 사무적인 인사가 아닌, 자신의 점포를 이용한 것에 대한 고마움이 담긴 인사가 되어야 한다. 특히 재거래하는 경우에는 진심에서 우러나오는 고마움을 표현함으로써, 고객으로 하여금 점포에 대한 좋은 이미지를 갖도록 함은 물론 더욱 인간적인 유대감을 형성하여 단골 고객이 되도록 하여야 한다. 따라서 인식기기로 응대하는 직원도 되도록이면 지정한 직원이 계속 주문을 받는 것이 좋다. 얼굴이 안 보이더라도 동일한 직원의 목소리로 계속 고객과 거래 관계를 지속하는 것이 보다 더 고객과 인간적 친밀감을 형성할 수 있기 때문이다.

두 번째는 순전히 인간의 뇌를 이용한 기억이다. 인간 뇌의 기억은 인식기기보다는 정확도에서 떨어지나, 고객을 대면하는 순간에 표정이나 말투 등으로 인간적인 접근이 가능함으로써, 기기 인식보다는 인간적 접근에서 보다 유리하다. 고객과의 인간적 관계 형성은 고객에게 점포의 이미지를 좋게 해줌으로써, 단골 고객이 되도록 하기 때문이다. 따라서 고객과 직접 대면하는 점포주는 고객을 오랫동안 기억할 능력을 갖추어야 한다.

한 번 본 사람을 오랫동안 기억하여 알아볼 수 있다는 것은 쉽지 않은 일이다. 따라서 예비 창업자는 창업 전에 한 번 본 사람을 오랫동안 기억하는 연습을 하여야 한다. 한 번 본 사람을 오랫동안 기억하는 능력이야말로 점포형의 사업에서 성공을 이루기 위해서 가장 중요한 능력 중에 하나임을 잊어서는 안 된다.

⠿ 점포의 분위기

고객이 상품을 구매할 때는 같은 값이면 좀 더 점포의 분위기가 좋은 곳에서 구매하려 한다. 점포의 분위기가 고객의 유치와 매출을 좌우하는 시대임을 예비 창업자는 잊어서는 안 되며, 자신의 점포를 이용하는 고객이 선호하는 점포로 만들어야 한다. 특히 원료 또는 상품의 비용에 대비하여 부가가치가 높은 상품 또는 고가의 상품을 취급하거나, 고객이 점포 내에서 머무르면서 상품을 구매하는 점포인 경우에는 점포의 분위기에 많은 신경을 써야 한다. 보다 적은 비용으로 보다 효과적인 점포의 분위기를 내기 위해서는 동종 및 유사 업종의 점포들을 보다 많이 벤치마킹할 필요가 있다.

⠿ 브랜드

점포 또는 상품의 브랜드는 고객에게 인지성과 신뢰성 등을 준다. 유명 브랜드일수록 고객에게 인지성과 신뢰성이 높기 때문에 고객은 유명 브랜드의 점포 또는 상품을 선호한다. 따라서 유명 브랜드의 점포 이용도와 상품 이용도는 높게 나타난다.

브랜드의 선호도는 지역마다 다소 다르기 때문에 예비 창업자가 브랜드를 사용하여 창업하는 경우에는 해당 상권에서 보다 더 선호하는 브랜드로 창업하는 것이 바람직하다.

⠿ 무형의 차별적인 서비스

서비스 업종이나 유형이 아닌 무형의 상품을 판매하는 업종의 점포는 남과 다른 차별적인 무형의 서비스를 고객에게 제공할 수 있어야 한다. 물론 차별적인 무형의 서비스에는 남보다는 더 큰 값어치가 포함되어야 한다. 그러기 위해서는 항상 주변 경쟁 점포를 잘 파악하고 있어야 하며, 타 지역의 동종 업종의 점포들도 벤치마킹할 필요가 있다.

⠿ 무형의 부가 서비스

점포에서 고객에게 제공할 수 있는 서비스가 많으면 많을수록 바람직한 현상이며, 보다 경쟁력을 갖출 수 있는 원동력이다. 따라서 유형의 서비스뿐만 아니라 무형의 서비스도 최대한 많이 줄 수 있도록 하여야 한다. 유형의 서비스를 제공하기 위해서는 어느 정도의 비용이 소요되지만, 무형의 서비스는 추가 비용이 들어가지 않는 장점이 있다.

소규모 영세 창업자의 경우에는 자신의 점포에서 고객에게 줄 수 있는 무형의 서비스를 많이 개발하여 이용 고객에게 최대한 줄 수 있도록 하여야 한다. 예를 들면 노래방에서 추가 시간을 주는 서비스 또는 피부 마사지 등에서 마사지 시간의 추가 서비스 등이 있다.

::: 점포 이용의 편리성

보다 많은 고객을 유치하기 위해서는 유동 고객이 보다 쉽게 점포를 이용할 수 있도록 해주어야 한다. 그러기 위해서는 고객이 불편을 느끼지 않고 보다 쉽게 점포로 접근할 수 있는 양호한 입지, 편리한 주차의 공간 등이 필요하다. 성공 창업을 위해서는 많은 고정 고객도 중요하지만, 점포의 이용 편리성을 높임으로써 새로운 유동 고객을 확보하는 것도 매우 중요하다. 그러므로 점포의 확보 시에 반드시 고객의 접근성을 확인하여야 한다.

점포의 첫인상은 직원이 결정한다

점포형의 사업에서 직원은 매우 중요하다. 고객이 내점하는 순간 직원과 첫 대면을 하기 때문이다. 내점한 고객이 첫 대면하는 직원의 친절하고 만족스러운 서비스를 받게 되면 고객은 그 점포에 대하여 좋은 이미지를 갖게 되고, 다시 방문하게 된다. 그러나 반대로 직원이 불친절하거나 불만족스러운 서비스를 하면 고객은 그 점포에 대하여 부정적 이미지를 갖게 되어, 다시 방문하는 것을 꺼리게 된다. 이와 같이 직원의 서비스는 고객의 만족도에 많은 영향을 미치며, 만족도에 따라 점포의 이용도는 매우 다르게 나타난다.

직원의 서비스 정도는 고객의 방문과 재방문, 이에 따른 점포의 매출에 직접적으로 지대한 영향을 미친다. 특히 직원의 서비스 능력이 고객의 만족도에 아주 큰 영향을 미치는 업종, 즉 기술이나 서비스를

요하는 업종에서는 직원의 중요도가 매우 높다. 따라서 방문한 고객에게 보다 큰 만족을 줌으로써 재방문율을 높이고 매출 또한 높일 수 있는 직원이 필요하다. 한마디로 명품 직원이 필요한 것이다. 명품 직원이야말로 성공 창업을 이루기 위해서는 반드시 필요하다.

직원의 선발

소규모의 점포인 경우에는 뽑은 직원을 제대로 교육시키는 것이 현실적으로 어려우며, 또한 제대로 된 직원으로 만들기 위해서는 많은 시간과 비용이 소요되기 때문에 처음부터 제대로 된 직원을 선발하여야 한다. 그러기 위해서는 선발 시에 정신 상태, 고객의 기억력, 기술의 숙련도 등 몇 가지 중요 부분을 확인할 필요가 있다.

다음의 세 가지 사항 이외에도 여러 사항을 확인하고 직원을 선발하여야 하나, 아래에 언급된 사항은 꼭 확인하여야 할 필수적 사항이다. 직원의 선발 시에는 여러 사항을 종합적으로 검토한 후에 자신의 점포에 가장 알맞은 직원을 선발하여야 한다.

● 직원 선발 시의 주요 확인 사항

- 정신 상태
- 고객의 기억력
- 기술의 숙련도

직원의 관리

직원의 선발도 중요하지만 이에 못지않게 직원의 관리도 중요하다. 직원을 잘 관리하여 항시 점포의 운영에 차질이 없도록 하여야 함은 물론 직원의 경쟁력이 약화되어 고객 및 매출의 감소가 일어나지 않게 하여야 한다. 유능한 직원을 채용한 후에 직원의 관리를 제대로 하지 못하여 유능한 직원이 그만두게 되거나, 또는 경쟁 점포의 직원 경쟁력보다 뒤지게 해서는 안 될 것이다. 따라서 직원의 관리를 잘하여, 모든 직원이 명품 직원이 될 수 있도록 하여야 한다.

직원의 관리에는 무엇보다도 점포주와 직원 사이에 인간적 신뢰가 바탕이 되어야 한다. 돈독한 신뢰를 바탕으로 서로 점포의 운용에 필요한 협력자라는 인식을 공유할 수 있어야 한다. 단순히 점포주는 월급을 주고, 직원은 받은 만큼 일한다는 생각으로는 제대로 된 관계가 이루어질 수 없다. 점포에 알맞은 직원의 채용도 중요하지만, 직원을 제대로 관리하는 것도 성공 창업을 이루는 데 반드시 필요하다.

● **직원 관리의 주요 사항**

- 손님맞이(고객 맞이)의 기본기가 몸에 배어 있도록 하여야 한다.
- 고객을 오랫동안 기억하도록 하여야 한다.
- 용모 및 복장은 항상 단정히 하도록 하여야 한다.
- 전 직원에게 편견 없이 대하여야 한다.
- 업무 분담을 명확히 하여야 한다.
- 근무수칙은 반드시 준수하도록 하여야 한다.
- 직원의 불만 또는 애로사항은 가능한 한 해결되도록 하여야 한다.
- 기술을 요하는 업종의 직원은 특히 다른 경쟁 점포보다 기술적 우위가 지속되도록 관리하여야 한다.

고객 관리에도 전략이 있다

점포형의 사업에 있어서 고객의 관리는 매우 중요하다. 요즘같이 동종 업종 및 아이템의 많은 점포들이 가까운 거리에서 치열한 고객 유치 경쟁을 벌이는 시대에서는 더욱더 고객 관리가 중요하다. 창업 초기에는 열성적으로 하다가 금방 시들어 버리거나, 또는 장사가 부진할 때만 고객에게 관심을 보이는 고객 관리로는 고객을 효과적으로 관리할 수 없다. 고객들은 이러한 단발성의 고객 관리에 별 관심을 갖지 않는다. 왜냐하면 이미 이러한 경험을 많이 하였기 때문이다.

고객 관리는 특히 지역 주민이나 단골 고객을 주로 상대하는 소규모 점포에서 더욱 중요하다. 그럼에도 오히려 고객 관리에 관심이 없거나, 있다 해도 아주 미미한 수준인 것이 많은 소규모 점포의 고객 관리 현실이다. 효과적인 고객 관리는 기존 고객의 이탈 방지 및 높은 재방문율, 그리고 부수적 효과로서 긍정적인 입소문 등에 따른 보다 많은 신규 고객의 유치를 가능하게 함으로써 보다 많은 매출과 이익을 창출한다. 따라서 제대로 된 고객 관리 전략으로 고객을 효과적으로 관리하여야 한다.

> ● 고객 관리의 전략
>
> ■ 신규 고객화의 전략 – 신규 고객의 확보
> ■ 고객 유지의 전략 – 고객별 맞춤형 관리
> ■ 단골 고객화의 전략 – 관계 강화를 통한 단골유지

신규 고객화의 전략

요즘같이 좁은 상권 내에서 동종의 경쟁 점포들이 서로 치열하게 고객 유치의 경쟁을 벌이는 때에는, 고객의 확보가 매우 중요하다. 특히 기존 고객이 전혀 없는 신규 창업의 점포에 있어서는 더욱 그러하다. 따라서 예비 창업자는 보다 빠른 시간에 보다 많은 고객을 확보하여야 한다. 그러기 위해서는 제대로 된 신규 고객화의 전략을 구사하여야 한다. 특히 자본이 적은 소규모 점포의 영세 창업자는 적은 비용으로 최대의 효과가 있는 차별적인 신규 고객화의 전략을 구사하여야 한다.

⠿ 신규 고객의 확보

신규 고객의 확보 방법에는 동종업종 및 아이템의 고객 동호회 가입, 지역 내의 각종 동호회 또는 모임 가입, 종교단체의 가입 등 각종

단체에 가입함으로써 단체 구성원과 구성원의 주변인들을 신규 고객화하는 방법이 있으며, 또 점포의 장점, 상품의 장점, 거래 시의 혜택 등 각종 장점을 홍보 및 마케팅함으로써 잠재 고객을 신규 고객화하는 방법들이 있다.

이러한 여러 방법 중에서 가장 효과적인 방법으로 보다 많은 고객을 보다 빠르게 확보하여야 한다. 그러기 위해서 예비 창업자는 상권 및 업종 등을 고려한 차별적인 신규 고객화 전략을 구사할 필요가 있다.

고객 유지의 전략

일반적으로 한 명의 잠재 고객을 신규 고객으로 편입하고자 드는 비용은 기존 고객을 유지하는 데 드는 비용의 5배 이상이라고 한다. 즉 기존 고객을 유지하는 비용이 신규 고객 유치에 드는 비용보다 훨씬 적게 든다는 것이다.

이와 같이 저비용으로 고객의 유지와 점포의 매출을 유지시켜주는 것이 고객 유지의 관리이다. 따라서 제대로 된 고객 유지의 관리를 하여야 한다. 그러기 위해서는 거래한 고객에 맞는 맞춤형의 관리가 무엇보다 필요하다.

따라서 예비 창업자는 고객 관리의 중요성을 잘 인식하고, 창업 전에 자신의 점포를 이용하는 고객들을 어떻게 맞춤형의 관리를 할 것인지 미리 구상해 놓을 필요가 있다.

::: 고객별 맞춤형 관리

고객의 이탈은 점포의 매출과 이익을 떨어뜨리며 점포의 경영을 악화시키므로 자신의 점포 고객이 이탈하지 않도록 하여야 한다. 그러나 요즘같이 치열한 고객 유치 경쟁에서 자신의 점포 고객을 지키는 일이 쉽지만은 않다. 따라서 고객이 이탈하지 않도록 고객별 맞춤형 관리를 하여야 한다.

맞춤형 고객 관리를 하기 위해서는 고객별 특성(성별, 나이, 취향, 직업, 직위 등)을 고려하여야 한다. 고객별 특성을 잘 고려한 고객 관리야말로 고객 이탈의 최소화를 가능케 해주기 때문이다.

단골 고객화의 전략

거래 고객을 단골 고객화하여야 한다. 고객이 상품을 구매할 때에 항상 자신의 점포에서 하도록 하여야 한다. 일회용 고객이 되게 하여서는 안 된다. 단골 고객이 얼마나 많은가의 여부가 창업의 성패를 좌우한다. 따라서 창업에서 성공하기 위해서는 거래 고객을 최대한 단골 고객화하여야 한다. 특히 우량 고객은 반드시 단골 고객화하여야 한다. 절대로 이탈되지 않도록 최선을 다하여야 한다. 그러기 위해서는 고객과의 관계 유지에 최선을 다하여야 한다. 항상 고객이 자신의 점포에서 최대 만족을 느낄 수 있도록 하여야 한다. 이것이 단골 고객화의 지름길임을 잊어서는 안 된다.

::: 관계 강화를 통한 단골 유지

고객을 단골로 만들기 위해서는 고객과 변함없는 관계를 유지하여야 한다. 일시적인 고객 관리로는 단골 고객을 만들 수 없으며, 단골 고객이 있다고 하더라도 얼마 가지 못하고 이탈한다. 따라서 고객을 단골 고객화하기 위해서는 고객과의 꾸준한 관계 강화가 무엇보다 필요하다.

변화하는 환경에 대처하라

점포를 경영하다 보면 주변의 환경이 많이 변화한다. 환경의 변화는 가까이는 점포 주변의 지형 변화부터, 더 나아가서는 트렌드의 변화까지 매우 다양하고 폭 넓게 일어난다. 이러한 환경의 변화에 적절히 대처하고, 더 나아가서는 잘 활용하여야 성공 창업을 이룰 수 있고 유지할 수 있다.

점포 주변의 변화

점포 주변은 항상 변화한다. 주변의 변화에는 인도, 도로 등 지형의 변화에 따른 유동 인구의 변화, 집객유발시설의 이전으로 인한 유동 인구의 변화, 주변 상권의 생성과 쇠퇴로 인한 상권력의 변화 등이 있다. 이러한 주변의 변화를 남보다 빨리 알고 대처하는 것이 보다 큰 손실을 예방할 수 있으며, 때론 보다 큰 이익을 취할 수도 있다. 점포가 입지할 주변에 대한 철저한 조사로 고객이 줄어드는 곳의 점포를 얻어서는 안 되며, 현재 점포를 운영하고 있는 점포주는 남보다 먼저 매도하여서 손실을 최소화하여야 한다. 그러나 반대로 고객이 늘어나는 곳의 점포는 남보다 먼저 얻어야 된다. 이렇게 하기 위해서는 창업 전뿐만 아니라 창업 후에도 점포 주변의 변화를 항상 예의 주시할 필요가 있다.

외부 환경의 변화

점포형의 사업에서 성공하기 위해서는 국내외의 경제 상태, 트렌드의 변화 등 외부의 환경을 잘 읽고, 적절한 대응을 하여야 한다. 외부의 환경 중에서도 트렌드의 변화를 잘 읽고, 이에 알맞은 대처가 필요하다. 특히 자신의 업종에서 일어나고 있는 트렌드의 변화를 절대로 놓쳐서는 안 된다. 트렌드와 동떨어져서는 결코 고객에게 공감을 얻을 수 없으며, 결국에는 고객의 외면을 받게 되기 때문이다. 따라서 성공 창업을 위해서 예비 창업자는 창업하고자 하는 업종 및 아이템에서 일어나고 있는 트렌드의 변화를 정확히 읽고, 이에 맞는 창업을 하여야 한다. 또한 현 점포주는 자신의 업종에서 일어나고 있는 트렌드를 정확히 읽고, 이에 맞는 적절한 대응을 하여야 한다.

언급된 트렌드의 변화 외에도 외부 환경의 변화는 많이 일어난다. 이러한 외부의 변화에 따라 적절한 대응을 할 수 있어야 한다. 그렇게 하는 것이 보다 적은 손실과 많은 이익을 가능토록 해주기 때문이다.

경쟁 점포의 값어치

요소별 평가	경쟁 점포	A점포 (이격거리 m)	B점포 (이격거리 m)	C점포 (이격거리 m)
유형의 값어치	상품의 양			
	상품의 질			
	차별적 상품			
	유형의 부가 서비스			
	상품 구매의 편리성			
무형의 값어치	손님맞이			
	점포의 분위기			
	브랜드			
	차별적 상품			
	무형의 부가 서비스			
	점포 이용의 편리성			
	종합평가			

* 서비스 업종에서는 서비스 자체가 상품임

* A~C 점포는 출점 예정지와의 거리 순

STEP
7

적극적인
마케팅 펼치기

점포형의 사업에서 마케팅의 목적은 점포에서 취급하는 제품 또는 서비스 등에 대한 각종 정보를 고객에게 제공함으로써, 신규 고객의 창출 및 기존 고객의 재방문을 유도함으로써, 궁극적으로는 매출을 증대시키는 데 있다. 이러한 마케팅의 목적이 있음에도 대부분의 점포, 특히 소규모 점포들은 마케팅을 전혀 하지 않거나 또는 소홀히 하고 있는 것이 현실이다.

효과적인 **마케팅**의 기본

　　　　소규모 점포의 사업주들이 마케팅을 소홀히 하는 데는, 대부분 소규모 점포의 사업주들이 마케팅의 중요성에 대한 인식이 부족하며, 심지어는 부정적 인식을 갖고 있기 때문이다. 즉 마케팅의 효과는 일시적이며 또 비용에 비해 고객 및 매출의 증가가 미미하다고 생각하는 것이 지배적이다.

　그러나 마케팅을 소홀히 하면 잠재 고객에게 자신의 점포를 제대로 알리기 어려울 뿐만 아니라, 또한 기존 고객에게는 잊히기 쉽다. 결과적으로는 신규 고객의 발굴 및 유치가 어렵고 기존 고객의 이탈 현상이 발생함으로써, 고객 및 매출의 감소 현상이 더욱더 발생하게 된다. 따라서 소규모 점포형의 사업의 성공을 위해서는 꾸준하면서도 고객에게 공감을 얻을 수 있는 고객 지향적이면서 차별화된 마케팅이 필요하다.

이러한 마케팅은 동일 업종 및 아이템으로 경쟁 관계에 있는 점포, 즉 경쟁 점포보다 마케팅에서 우위의 경쟁력을 갖게 해줌으로써, 보다 더 많은 고객의 유치와 매출의 증대를 가능토록 해준다. 예비 창업자는 창업 전에 가장 효과적인 자신 점포만의 차별화된 마케팅을 찾아내야 함은 물론 창업 후에도 지속적으로 가장 효과적인 마케팅을 찾아내고 실시하여야 한다.

 ## 마케팅의 고려사항

하루에도 수없이 쏟아지는 마케팅에서 자신의 마케팅만 고객에게 제대로 전달하기는 쉽지 않다. 주먹구구식의 마케팅으로는 효과적인 마케팅을 기대할 수 없으며, 시간과 마케팅 비용의 손실만을 초래할 뿐이기 때문에 효과적인 마케팅으로 고객에게 제대로 전달하여야 한다. 효과적인 마케팅은 고객에게 자신의 점포, 제품, 또는 서비스 등을 제대로 알릴 수 있도록 해줄 뿐만 아니라, 경쟁 점포보다 고객에게 더 많은 공감을 얻을 수 있는 마케팅을 가능케 한다. 효과적인 마케팅을 하기 위해서는 다음 사항을 고려하여야 한다.

고객

마케팅은 대상 고객에게 공감을 얻을 수 있어야 한다. 고객의 공감을 얻을 수 있는 마케팅이 되어야 보다 더 효율적으로 고객에게 내용을 전달할 수 있다. 따라서 고객에게 공감을 얻을 수 있는 마케팅이 되도록 고객의 연령, 직업, 성별, 취향 등을 고려하여야 한다. 고객층을 무시한 천편일률적인 마케팅으로는 결코 고객에게 공감을 얻을 수 없다.

::: 업종 및 아이템

점포의 업종 및 아이템에 맞게 하여야 한다. 업종 및 아이템에 어울리지 않으면 부조화로 인하여 마케팅의 효과가 줄어들 수밖에 없다. 따라서 창업 전에 자신이 하고자 하는 업종 및 아이템에서 시행되는 마케팅을 철저히 분석하여, 해당 업종 및 아이템에서 가장 효과적인 마케팅의 방법을 찾아내야 한다.

::: 차별화

경쟁 점포 간에 쏟아내는 많은 마케팅은 마케팅의 홍수가 되어 고객들을 에워싸고 있기 때문에 비슷비슷한 마케팅에 고객은 무관심 또는 무감각해질 수밖에 없다. 고객에게 관심을 받고 더 나아가서는 공감대의 형성 및 감동을 줄 수 있는 차별화된 마케팅이 필요하다. 제대로 된 차별화의 마케팅은 고객에게 공감을 얻을 수 있으며 또한 타 점포와 구분되어 오랫동안 고객의 관심을 지속시킬 수 있다.

::: 정성

고객에게 공감을 얻고 또한 감동을 주기 위해서는 정성이 깃든 마케팅이 되어야 한다. 가식적이고 이기적인 마케팅으로는 결코 고객에게 감동을 줄 수 없으며, 공감조차 얻기 힘들다. 따라서 정성을 들인 마케팅으로 고객의 마음을 움직일 수 있도록 하여야 한다.

::: 장점

상품, 점포 등 마케팅 대상의 장점을 제대로 살린 마케팅이어야 고

객으로 하여금 흥미와 관심을 불러일으킨다. 고객의 흥미와 관심을
유발시키지 않고서는 효과적인 마케팅을 기대할 수 없다. 따라서 마
케팅 대상의 장점을 잘 살려, 최대한 고객의 흥미와 관심을 유발시킬
수 있도록 하여야 한다.

⠿ 저비용 고효율

마케팅을 하기 위해서는 비용이 발생할 수밖에 없다. 마케팅도 예
외 없이 저비용으로 고효율의 마케팅이 되어야 한다. 따라서 어떻게
하는 것이 저비용으로 고효율의 마케팅 효과를 얻을 수 있는지를 창
업 전에 끊임없이 고민하여야 한다.

마케팅에도 전략이 있다

소규모 점포의 마케팅에도 전략이 필요하다. 소규모 점포라고 마케팅을 전혀 하지 않거나, 주먹구구식의 마케팅으로는 고객의 유치 경쟁에서 살아남을 수 없다. 따라서 자신의 점포에 알맞은 효과적인 마케팅을 하여야 한다. 그러기 위해서는 마케팅 전략 수립과 이에 충실한 마케팅이 필요하다. 마케팅 전략은 고객에 맞춰 수립하여야 한다. 그렇게 함으로써 신규 고객 유치, 거래 고객의 이탈 방지, 그리고 이탈 고객의 재유치를 이룰 수 있기 때문이다.

● 고객의 유형에 따른 마케팅의 전략

■ 잠재 고객 – 신규 고객화의 전략
■ 거래 고객 – 관계 강화의 전략
■ 이탈 고객 – 재유치의 전략

신규 고객화의 전략

　잠재 고객에 대하여는 고객의 층에 맞는 각종 마케팅 등을 적절히 구사함으로써, 자신의 점포 고객이 되도록 하여야 한다. 잠재 고객에 대한 마케팅은 새로운 고객을 창출함으로써 이용 고객의 증대를 이룰 수 있으며, 이에 따라 점포도 유지되고 발전할 수 있는 것이다. 따라서 예비 창업자는 잠재 고객을 자신의 거래 고객으로 신규 편입될 수 있도록 나름대로 신규 고객화의 전략을 수립하고 구사하여야 한다. 물론 사업 중에도 지속적으로 신규 고객화의 전략을 구상하고 실시해야 함은 두말할 필요가 없다.

관계 강화의 전략

　한 번 거래한 고객은 다시 거래하는 고객이 되거나, 또는 이탈하는 고객이 된다. 그러므로 고객이 이탈하지 않고 재거래하도록 고객과의 관계 강화가 필요하다. 한 번 이탈한 고객을 자신의 점포로 되돌리기는 쉽지 않기 때문이다. 고객과의 관계를 강화하는 것이 신규 고객의 유치보다 훨씬 더 비용과 노력이 적게 든다는 점을 명심할 필요가 있다. 따라서 자신의 점포에 맞는 관계 강화 전략을 수립하여, 거래 고객이 이탈되지 않도록 적절한 마케팅을 하여야 한다.

　관계 강화의 전략을 수립할 때에 주의할 점은 거래 후 일정 기간 내에 마케팅을 함으로써, 고객으로 하여금 자신의 점포 또는 상품을 잊지 않도록 하여야 한다. 또한 마케팅에 인간적인 면이 내포되도록 함으로써, 고객과 인간적인 유대감을 형성하여 고객이 쉽게 이탈되지 않는 휴먼 마케팅이 되도록 해야 한다.

재유치의 전략

이탈한 고객은 상권 내의 다른 경쟁 점포를 이용하게 된다. 따라서 자신의 점포로 되돌리기 위한 고객의 재유치 전략이 필요하다. 이탈 고객을 되돌리기 위해서는 정성과 비용이 필요하다. 먼저 고객의 재유치 전략에는 반드시 정성이 포함되어야 한다. 정성이 없어서는 돌아선 고객의 마음을 다시 잡을 수 없기 때문이다.

필자의 경우는 지속적으로 정성을 들여서 전화 통화 또는 SMS 등을 실시함으로써 이탈 고객의 재방문을 유도하였으며, 재방문 시에는 최상의 서비스를 제공함으로써 이탈 고객을 다시 잡을 수가 있었다. 다시 강조하지만 고객의 재유치를 위해서는 어느 업종 및 아이템의 점포건 정성이 들어가야 한다는 것이다.

이와 더불어 약간의 비용을 들여서라도 다시 찾아온 이탈 고객이 자신의 점포에 호감을 갖도록 하여야 한다. 정성만으로는 고객의 마음을 되돌리거나 호감을 갖도록 하기가 쉽지 않기 때문이다. 따라서 가능하다면 적은 비용으로 재방문 고객에게 조그만 보답을 할 수 있도록 하는 것이 필요하다.

우리가게에 맞는 마케팅 찾기

마케팅의 방법은 실로 다양하다. 온라인, 오프라인에서 고객의 발굴, 확보, 유치를 위한 다양한 마케팅이 이루어지고 있다. 마케팅의 방법으로는 일상생활에서 흔히 볼 수 있는 전단지를 사용한 방법부터 인터넷, 휴대전화 등 첨단기기를 사용한 방법까지 실로 다양하다.

일반적인 마케팅

예전부터 최근까지 대기업부터 소규모 점포 사업에 이르기까지 폭넓게 일반적으로 사용하고 있는 마케팅으로, 전단지 배포 마케팅 등 다양한 방법이 있다.

⁂ 전단지 배포

가장 일반적인 방법 중의 하나로, 일상생활에서 흔히 접할 수 있다. 점포의 주요 아이템, 가격대, 개점 시간, 그리고 이용 시의 혜택 또는 장점 등을 소개한다. 배포 방법으로는 길거리 배포와 신문에 끼워서 배포하는 방법 등이 있다.

⁂ 샘플 제공

잠재 고객 및 방문 고객 등에게 샘플을 제공함으로써, 새로운 제품 및 서비스의 구매를 유도하는 방법이다. 이와 같은 샘플 제공의 마케팅은 신상품의 출시 시에 주로 사용된다.

⁂ 경품 제공

신규 고객의 발굴 및 고정 고객의 유지를 위해 사은품 등을 제공하는 방법이다. 이 방법은 구입자 일부 또는 전원에게 제공하는 방식, 일정액 이상 구매 시에 제공하는 방식, 일정 구매의 액수 단위로 스티커를 제공하여 일정 이상 스티커를 모은 고객에게 제공하는 방식 등 다양한 방식이 있다.

⁂ 가격 할인

신규 고객의 발굴 및 고객의 구매를 촉진시키기 위해서 일정액 이상의 가격을 할인하여 판매하는 방법이다. 이 방법은 다른 점포와의 경쟁, 특정 상품의 과다 재고 처분, 비수기 또는 불황 시에 효과적인 마케팅 방법 중의 하나이다.

회원 제도

고객을 온라인, 오프라인에서 회원으로 모집하여 각종 행사 시 초대, 할인특전 등을 제공함으로써 우수 고객의 이탈 방지 및 회원을 매개체로 한 고객 확대를 꾀하는 마케팅 방법이다.

포인트 적립

고객이 제품 및 서비스 등을 구입할 때 일정 구매의 액수에 따라 포인트 등을 적립해 두었다가 필요할 때에 현금처럼 사용이 가능토록 하는 제도로써, 대형 마트 등 대기업의 점포에서 많이 사용하는 방법이다.

요즘은 기업 또는 점포 간에 단골 고객의 공유 및 확보를 위한 전략적 제휴의 마케팅 방법으로 이용하고 있다. 앞으로는 첨단 IT 기술의 발달과 소규모 점포의 사업주들의 필요에 의해서 소규모의 점포에서도 폭 넓게 이용될 마케팅 방법이다.

DM 마케팅(Direct Mail Marketing)

각종 홍보물을 예상 고객에게 우편을 통하여 직접 전달하는 마케팅이다. 이 마케팅을 사용하기 위해서는 평소에 예상 고객의 리스트 등을 많이 확보하여 데이터베이스를 구축해 놓아야 한다.

SMS(문자 전송)

SMS 마케팅은 잠재 고객에게는 자신의 점포, 제품 또는 서비스에 대한 내용, 이용 고객에게는 신상품 등의 소개, 안부 등의 내용으로 문자를 전송함으로써 신규 고객의 발굴과 고객의 이탈을 방지할 수 있다.

이와 같은 문자 전송 마케팅은 앞으로 보다 비약적인 IT 기술의 발달로 영상 전송 등 다양한 형태로 업그레이드되어, 보다 효과적인 고객 공략의 첨단기법 마케팅이 될 것이다.

이 마케팅은 첨단기기의 사용으로 신속하게 많은 고객에게 동일한 내용을 전송할 수 있는 장점이 있지만, 반대로 너무 획일적이어서 고객에게 공감 또는 감동을 얻어내기가 쉽지 않은 단점도 있다. 그러므로 이 마케팅을 사용하는 소규모 점포의 사업주는 좀 더 세분화된 고객층 분류와 고객별 다양한 문자 내용으로 고객의 공감을 넘어선 감동의 마케팅이 되도록 하여야 한다.

∷ 홈페이지 및 이메일

인터넷을 사용한 홈페이지의 운영과 이메일의 전송은 소규모 점포 사업자가 많은 비용을 들이지 않고 할 수 있는 마케팅 방법 중의 하나이다. 이 마케팅의 장점은 상권에 얽매이지 않으며, 고객과 언제든지 판매 상품에 대한 각종 의견의 교환이 가능하다는 것이다. 따라서 자신의 점포 마케팅에 이 마케팅의 장점이 필요한지 또는 효과적인지를 검토해볼 필요가 있다. 만약 이 마케팅의 장점을 살릴 수 있는 경우에는 적극 활용하는 것이 바람직하다. 이 마케팅을 하고자 하는 경우에는 현재 인터넷을 활용하고 있는 동일 또는 유사 업종 및 아이템의 점포를 벤치마킹하는 것이 효과적이다.

∷ DB 마케팅(DATA Base Marketing)

고객에 대한 정보 등을 수집, 분석하여 판매에 직결시키는 마케팅이다. 이 마케팅의 장점은 각 고객의 요구에 맞춤형 서비스의 제공이 가능하므로 고객의 만족도를 높일 수 있으며, 따라서 이탈 고객의 최소화 및 고정 고객의 확보가 가능하다.

이 마케팅의 효과를 높이기 위해서는 우선 각 고객에 대한 정보의 축적이 필요하므로, 보다 많은 고객의 정보 수집에 수고를 아끼지 말아야 한다.

⫶ 구전 마케팅(버즈 마케팅, Buzz Marketing)

소비자들이 자발적으로 점포, 제품 또는 서비스 등에 대한 긍정적인 입소문을 내게 함으로써, 매출의 증대와 점포에 대한 좋은 이미지 구축을 이루는 마케팅의 기법이다. 이 마케팅을 효과적으로 하기 위해서는 오피니언 리더(영향력이 큰 사람들)를 적극적으로 공략하여야 한다. 대다수의 소비자들은 오피니언 리더의 영향을 많이 받기 때문이다. 따라서 이 마케팅을 성공적으로 하기 위해서는 주변의 오피니언 리더들과 원만한 관계를 유지하는 것이 중요하다.

특히 지역형의 소규모 점포의 경우에는 이 마케팅을 적극 사용하지 않아도 주변의 입소문에 부정적인 이미지가 구전되지 않도록 노력하여야 한다.

⫶ 그린 마케팅(Green Marketing)

고객의 욕구나 수요 충족뿐만 아니라 건강, 환경 등을 중시하는 친환경적 마케팅이다. 자신이 하고자 하는 업종 및 아이템이 친환경과 관련이 있다면 그린 마케팅을 고려해 볼 필요가 있다. 이 마케팅은 고객으로 하여금 자신이 환경의 보전 등에 직접 기여하고 있다는 만족감을 줌으로써, 고객과 보다 밀접하고 오랜 관계가 지속될 수 있다는 장점이 있다. 앞으로 이 마케팅은 건강과 환경 중시 운동과 맞물려 더욱 발전할 것으로 예상되고 있다.

니치 마케팅(Niche Marketing)

'틈새시장'이라는 뜻을 가진 말로, 시장의 빈틈을 공략하는 새로운 상품을 계속해서 선보임으로써 고객으로 하여금 자신의 점포를 이용토록 하는 마케팅이다. 이 마케팅은 다른 점포에서는 구입할 수 없는 판매 상품의 차별화에 주안점을 두고 있다. 따라서 남보다 상품을 보는 능력이 좋은 판매업종의 창업자의 경우에는 이 마케팅에 많은 관심을 갖는 것이 필요하다.

누드 마케팅(Nude Marketing)

외부에서 내부가 훤하게 보이도록 하여 고객의 호기심 등을 유발시켜 구매를 유도하는 마케팅이다. 요즘은 가습기나 휴대전화 등 각종 제품뿐만 아니라, 당구장 등 점포에 이르기까지 폭넓게 사용되고 있다.

소규모 점포의 예비 창업자는 점포의 내부를 외부에서 잘 보이도록 하는 것이 자신이 하고자 하는 업종 및 아이템에 잘 어울리는지를 판단하여, 점포를 구하기 전이나 점포의 인테리어를 하기 전에 면밀히 검토해야 한다.

릴레이션십 마케팅(Relationship Marketing)

다른 업종 및 아이템의 점포와 서로 협력 관계를 구축하여, 점포 간에 고객의 공유 및 이용 고객에게 보다 더 많은 혜택을 제공함으로써, 매출 증대와 고객의 이탈을 방지하는 마케팅이다. 이 마케팅은 대기업에서 많이 쓰고 있는 마케팅이나, 앞으로는 좀 더 폭넓은 혜택을 원하는 고객의 욕구와 맞물려 시장과 같은 밀집형의 점포들뿐만 아니라 소규모 점포 사이에서도 많이 사용될 것으로 예상되고 있다.

프리 마케팅(Free Marketing)

인간의 공짜 심리를 역이용하는 발상의 기법으로 고객에게 상품 또는 서비스를 무료로 제공하여 사용 및 체험토록 함으로써, 자신의 점포와 취급하는 상품 또는 서비스에 대하여 호감을 갖도록 하는 마케팅이다. 이 마케팅은 구매 고객의 발굴 및 단골 고객의 확보에 유용하게 사용될 수 있는 마케팅의 한 방법이다.

F·M·O(Fusion Marketing Online)

오프라인 업체(점포)가 온라인 업체와 제휴하여 상호 간에 마케팅의 시너지 효과를 높이거나, 또는 오프라인 업체(점포)가 온라인, 오프라인을 병행하여 마케팅함으로써 마케팅의 효과를 높이는 방법이다. 소규모 점포에서는 인터넷을 사용한 홈페이지의 운영과 이메일의 전송 등으로 이 마케팅을 활용할 수 있다.

이 마케팅의 장점은 적은 비용으로 상권에 얽매이지 않고 고객과 언제든지 판매 상품에 대한 각종 의견의 교환이 가능하며, 동호회 운영 등으로 좀 더 긴밀한 고객 관계를 유지할 수 있다.

관계 마케팅

고객 등과 유대 관계를 유지, 발전시키는 마케팅으로써, 순간적인 거래의 이익보다는 장기적으로 고객과의 호혜 관계를 구축함으로써 자신 점포의 평생 고객이 되도록 하는 마케팅이다. 이 마케팅은 특히 한정된 지역에서 영업하는 소규모 점포에서 보다 유용한 마케팅이다.

∷ 데이 마케팅(Day Marketing)

빼빼로 데이, 커플 데이, 특정한 날 또는 요일 및 시간에 더 낮은 가격 또는 같은 가격에 덤 제공 등으로 고객의 관심을 유도하는 마케팅이다. 이 마케팅은 생필품 취급 점포, 음식점 등에서 많이 쓰이고 있는 마케팅이다.

∷ 기타 마케팅

일반적인 기타 마케팅으로는 생활 정보 신문, 전화번호부, 야외 광고판, 현수막 등이 있다.

색다른 마케팅

먼저 소개된 일반적인 마케팅으로는 다양한 업종 및 아이템, 지역별의 특성, 그리고 고객층에 따라 알맞은 마케팅을 구사하기가 쉽지 않다. 따라서 자신만의 차별화된 마케팅으로 다른 경쟁 점포보다 고객에게 더 많은 공감을 얻을 수 있고, 더 나아가서는 감동을 줄 수 있는 마케팅이 필요하다.

∷ 이미지 마케팅(Image Marketing)

점포 주변을 통행하는 사람이나 내점하는 고객에게 환한 미소로 인사를 함으로써 다른 점포에서는 느끼기 어려운 친밀성으로 고객과 관계를 맺는 방법의 마케팅이다. 이 마케팅은 다른 마케팅에 비해 많은 비용도 들지 않으면서, 고객에게 전달되는 마케팅의 효과는 매우 크고 오래 지속되는 장점이 있다.

::: 즐거운 마케팅(Fun Marketing)

점포 앞을 지나가는 사람들과 내점한 고객에게 즐거움을 줌으로써 한번 들어가고 싶고, 또 다시 방문하고 싶도록 하는 마케팅이다. 이 마케팅은 개점 초창기의 점포, 입지가 좋지 않은 점포, 어린이나 젊은 층을 대상으로 하는 점포에서 효과적이다. 동물 모양이나 코믹한 복장 등을 사용하면 보다 효과적인 즐거운 마케팅을 할 수 있다.

::: 비주얼 마케팅(Visual Marketing)

자신의 점포에서 판매하는 제품의 생산 과정을 보여주거나, 또는 조명 등을 사용하여 제품을 돋보이게 함으로써 고객의 시야 유도 및 관심, 흥미를 유발시키는 마케팅이다. 이 마케팅은 특히 각종 수작업이 필요한 업종에서 보다 효과적이다.

::: 스토리텔링 마케팅(Storytelling Marketing)

자신의 점포에서 판매하는 상품의 원산지, 기능, 맛 그리고 상품의 개발 과정 등에 대하여 자세히 알려줌으로써, 구매 고객이 일일이 판매자에게 물어보지 않고도 상품에 대한 궁금증이 없도록 함으로써 보다 편리하게 상품을 구매토록 하는 마케팅이다.

::: 귀족 마케팅(V·I·P Marketing)

귀족 마케팅은 일반적인 고객과는 달리 특정한 일부의 부유 고객 층에게 차별화된 마케팅을 함으로써, 보다 많은 상위의 구매자 확보 및 매출의 증대를 이룰 수 있게 해준다. 이 마케팅은 백화점 또는 일부 고가의 판매 전문점 등에서 시작되었으나, 지금은 보다 널리 사용되고 있는 마케팅이다. 이 마케팅은 보다 고급화와 차별화를 원하는 일정 상권 내의 특정한 일부의 부유 고객들에게 차별적 서비스(쇼핑의 분위기, 만족감, 희소성, 품위 등)를 제공하며, 이에 따른 구전효과가 다른 마케팅보다 큰 편이다.

이 마케팅을 십분 발휘하여 자신의 점포에서 구매를 많이 한 상위의 고객을 대상으로 귀족 같은 대우를 받는다는 생각이 들도록 하여 고정 고객의 확보와 매출의 증대를 이루는 것이 필요하다. 그러기 위해서는 VIP 고객에 대한 별도의 관리와 주기적 관리를 잘할 필요가 있다.

마술 마케팅(Magic Marketing)

점포의 내·외부에서 각종 마술로 고객에게 호기심과 즐거움을 줌으로써, 고객의 시선 고정 및 재방문을 유도하는 마케팅이다. 이 마케팅은 젊은 층의 고객이 주로 이용하는 점포에서 보다 효과적이다. 따라서 이 마케팅을 하고자 하는 점포의 사업주는 직접 간단한 마술 정도는 할 수 있는 것이 좋다.

사주팔자 마케팅

점포를 찾은 고객의 사주팔자를 봐 줌으로써, 고객과 보다 인간적인 유대감을 형성할 수 있는 마케팅이다. 이 마케팅은 미용실 등 특히 여성들이 주로 이용하는 업종 및 아이템의 점포에서 사용하면 보다 효과적이다.

지역 봉사 마케팅

주기적 효도 잔치 개최, 취급 제품(예:자장면, 빵 등)의 주기적 제공, 이용·미용의 무료 봉사, 지역 방범 활동의 적극 참여 등으로 지역 사

회에 봉사함으로써, 지역 주민과의 유대감 형성 및 이에 따라 고객
이탈 감소 및 고객 확대를 꾀하는 마케팅이다.

⁝⁝⁝ 경매 마케팅

주기적으로 깜짝 경매를 실시하여 고객에게 색다른 즐거움을 줌으
로써 단골 고객의 확보 및 신규 고객의 유치를 하는 마케팅이다. 이
마케팅의 장점은 구전 효과가 매우 뛰어나다는 것이다.

⁝⁝⁝ 기타 마케팅

- 매일 개점 전에 은행에서 새 지폐를 구입한 후, 거스름돈으로 새 지폐를 제공함으로
  써, 고객으로 하여금 기쁨을 느끼게 함.
- 주기적 클래식 연주회
- 댄스 페스티벌 개최
- 노래 경연 대회 개최 등

STEP

8

점포형의 창업은 독립 점포의 창업과 프랜차이즈 가맹 점포(체인점, 가맹점)의 창업으로 나눌 수 있다. 독립 점포의 창업은 일반적인 사업 형태로써, 창업의 모든 것을 창업자 스스로 자기 책임 하에 창업하는 것이며, 프랜차이즈 가맹 점포의 창업은 프랜차이즈 회사와 일정한 계약을 맺고 창업하는 것이다.

우리나라의 프랜차이즈 사업은 불과 수십 년의 짧은 역사를 가지고 있다. 프랜차이즈 사업의 초창기에는 사업자가 몇몇 대기업이었으나, 수년 전부터는 중소기업, 개인들로 프랜차이즈의 사업자가 다변화되고 있다. 업종도 프랜차이즈 사업 초창기의 외식 업종에서 벗어나, 최근에는 서비스 업종을 비롯한 많은 분야에서 프랜차이즈 창업이 이루어지고 있다. 앞으로도 더욱 많은 분야에서 프랜차이즈 창업이 이루어질 것으로 예상하고 있다.

프랜차이즈 창업이란?

프랜차이즈 창업은 프랜차이즈 회사(가맹본사, 체인본부, 프랜차이저)와 가맹점(체인점, 프랜차이지)이 상호 간에 프랜차이즈 계약을 맺고, 프랜차이즈 회사는 상호 사용 및 상품 판매 등의 권리와 경영 기술, 교육 등을 제공하고, 가맹점은 그 대가로써 일정한 로열티를 프랜차이즈 회사에 지불하는 형태의 사업을 말한다.

프랜차이즈 창업의 장단점

프랜차이즈 창업을 하기 위해서는 먼저 프랜차이즈 창업의 장단점을 정확히 알 필요가 있다. 프랜차이즈 창업의 장단점을 정확히 알아야 예비 창업자가 자신과 비교하여 독립 점포의 창업 형태로 창업할 것인지 아니면 프랜차이즈 창업 형태로 할 것인지를 올바르게 결정할 수 있기 때문이다.

프랜차이즈 창업의 장단점

장점	단점
■ 본사의 각종 지원으로 창업하기도 쉽고 점포 운용도 수월하다. ■ 동일 브랜드와 점포 인테리어 등으로 고객의 인지도가 높다. ■ 동일한 제품 및 서비스 제공 등으로 고객의 신뢰도가 높다. ■ 사업 초기의 시행착오가 적다. ■ 각종 물품 등을 본사로부터 제공받으므로 별도로 물품 구입에 따른 시간과 노력이 절감된다. ■ 다른 업종과 연계된 제휴로 고객에게 보다 다양한 혜택 제공이 가능하다.	■ 일정 규모 이상의 점포 구입, 비싼 인테리어 비용, 보증금 및 가맹금 등으로 초기 투자의 비용이 크다. ■ 정기적인 로열티 제공으로 사업 부진 시에는 경영의 어려움이 가중된다. ■ 본사로부터 원·부재료를 구입하여야 하는 경우에는 구매비용의 상승으로 마진율이 낮다. ■ 본사의 통제로 탄력적인 운영이 어렵다. ■ 본사의 의존도가 높아, 브랜드 등의 약화 시에는 가맹점주의 의사와는 무관하게 경쟁력이 약화될 수 있다. ■ 본사의 월권행사 시에는 피해를 고스란히 떠안을 수 있다. ■ 점포의 구입 및 양도 시에 본사와의 협의 등 각종 제약이 많다.

 ## 프랜차이즈 회사의 선택

많은 비용을 투자하여야 하는 프랜차이즈 창업에서 예상보다 낮은 매출 및 이익으로 인하여 가맹점을 운영하지 못하게 된다면, 그야말로 낭패가 아닐 수 없다. 대부분의 프랜차이즈 가맹 사업은 많은 비용이 투자되므로, 사업을 접을 때에는 막대한 손실을 입게 되기 때문이다.

일반적인 독립 점포는 양도 및 업종 변경이 자유롭고 또한 점포의 인테리어, 집기류 등을 영업 권리금 명목으로 어느 정도 투자 금액의 회수가 가능하다. 그러나 프랜차이즈 가맹점의 경우에는 프랜차이즈 회사와의 협의 등으로 양도 및 업종 변경이 어렵고, 가맹금의 회수 불능 등 많은 투자의 손실을 입게 된다. 따라서 프랜차이즈 창업을 한 경우에는 성공 창업이 더 절실할 수밖에 없다.

많은 사람들은 길거리의 크고 화려한 프랜차이즈 점포들을 보고 모든 프랜차이즈 점포들이 잘되며, 따라서 프랜차이즈 창업을 하면 성공적인 창업이 될 것으로 생각한다. 그러나 프랜차이즈 창업의 현실은 다르다. 일부의 프랜차이즈 가맹점 같은 경우에는 당초 계획보다 낮은 수익성으로 이익은커녕 손실을 보고 있으며, 또 고객 유치의 경쟁력이 뒤처져 고객의 유치에 어려움을 겪고 있는 것이 현실이다.

프랜차이즈 성공 창업을 위해서는 무엇보다도 프랜차이즈 회사를 제대로 선택하여야 한다. 프랜차이즈 회사를 올바르게 선택하기 위해서는 고려해야 할 사항들에 대한 모든 것을 따져보고 검토해야 하며, 섣불리 계약하는 것은 위험하다.

::: 프랜차이즈 회사의 선택 시에 고려하여야 할 사항

프랜차이즈 회사를 선택할 때에는 다음과 같은 사항을 잘 고려하여 선택하여야 한다.

::: 예비 창업자와의 궁합

동일 업종 및 아이템에는 많은 프랜차이즈 회사가 있으며, 각 프랜차이즈 회사마다 나름대로의 장단점이 있다. 따라서 프랜차이즈 회사와 예비 창업자의 장단점이 잘 부합함으로써, 시너지 효과가 큰 프랜차이즈 회사를 선택하는 것이 바람직하다.

또 프랜차이즈 사업의 특성상 프랜차이즈 회사와 예비 창업자 간

의 원활한 소통은 매우 중요하므로, 회사와 예비 창업자의 관계가 잘
유지될 수 있는지도 고려해야 한다. 이러한 프랜차이즈 회사와 예비
창업자와의 궁합(어울림)은 앞으로 가맹점을 원활하고 효율적으로
운영하는 데 매우 중요하기 때문이다.

⁝⁝ 자금

　프랜차이즈 창업을 하려는 대부분의 예비 창업자는 막대한 창업의
비용에 어려움을 겪는다. 프랜차이즈 창업에는 일정 규모 이상의 점
포 구입, 그리고 통일된 콘셉트의 유지를 위한 높은 점포 인테리어
비용, 초도 물품 대금, 보증금 및 가맹금 등 많은 비용이 소요된다. 따
라서 프랜차이즈 창업 전에 예비 창업자는 자신의 자금력을 확인하
여야 한다. 동원 가능한 자신의 자금이 어느 정도인지 꼼꼼히 확인한
후에, 자신의 자금 능력을 넘어서는 프랜차이즈 창업을 해서는 안 된
다. 모든 사업과 마찬가지로 프랜차이즈 사업에서도 원활한 자금의
흐름은 성공적 사업을 위해서 반드시 필요하기 때문이다.

⁝⁝ 업종 및 아이템

　프랜차이즈 창업에는 많은 업종 및 아이템이 있다. 한때 반짝 유행
한 후 사라진 탕수육 전문점과 찜닭 전문점, 그리고 웰빙의 유행으로
많이 사라진 햄버거 전문점 등으로 프랜차이즈 창업을 한 많은 창업
자들이 실패를 하였다. 따라서 프랜차이즈 창업의 업종 및 아이템 선
정 시에는 앞으로의 유망 여부를 반드시 검토하여야 한다.
　앞으로 유망할 수 있는 업종 및 아이템을 찾아내기는 것이 쉽지만
은 않다. 따라서 유망 업종 및 아이템으로 창업을 하고자 하는 예비
창업자는 항상 인터넷, 신문 등 많은 정보 매체를 접하고, 필요하다

면 창업 전문가의 도움을 받는 것이 좋다. 앞으로의 유망 업종 및 아이템으로는 웰빙, 실버, 의료, 미용, 건강, 친환경 등을 들 수 있다.

업종 및 아이템의 선정 시에 특히 주의해야 할 점은 신규 업종 및 아이템으로 프랜차이즈 창업을 하는 경우이다. 새로운 업종 및 아이템이어서 많은 돈을 쉽게 많이 벌 수 있다는 프랜차이즈 가맹점의 모집 광고를 주요 신문 등 각종 매체에서 종종 볼 수 있다. 이러한 새로운 업종 및 아이템은 시장에서 검증되지 않았으므로, 예비 창업자 특히 초보 창업자는 신중히 새로운 업종 및 아이템의 프랜차이즈 창업에 접근할 필요가 있다. 되도록이면 시장에서 검증된 업종 및 아이템으로 자신만의 차별화를 이룸으로써 고객에게 보다 공감을 얻을 수 있는 창업을 하는 것이 바람직하다.

::: 상권 및 입지

예비 창업자가 창업하고자 하는 상권 및 입지와 프랜차이즈 회사가 맞아야 한다. 상권 및 입지마다 그 상권을 이용하는 고객의 직업 수준, 성향 등이 다르며, 이에 따라 고객이 선호하는 프랜차이즈 회사도 다르기 때문이다. 따라서 프랜차이즈 회사를 선택하기 전에 반드시 해당 상권 및 입지의 이용 고객에 대한 철저한 조사와 분석이 필요하다.

정확한 조사와 분석을 바탕으로 상권 및 입지의 고객이 선호하는 프랜차이즈 회사를 선택하여야 한다. 고객이 선호하는 프랜차이즈 가맹점일수록 보다 많은 고객의 유치와 점포의 매출을 이룰 수 있기 때문이다.

∷. 브랜드

예비 창업자가 프랜차이즈 창업을 하려는 가장 큰 이유 중의 하나는 널리 알려진 프랜차이즈 회사의 브랜드를 사용하고자 하는 데 있다. 프랜차이즈 회사의 브랜드는 고객의 인지도나 신뢰도와 밀접한 관계가 있기 때문에 브랜드의 힘이 강하면 강할수록 고객의 인지도와 신뢰도가 높으며, 이에 따라 고객 유치도 보다 쉽기 때문이다. 그러므로 프랜차이즈 회사 선택 시에는 브랜드의 힘이 강한 회사를 선택하여야 한다.

동일 상권에서 경쟁 점포보다 브랜드의 힘이 약한 프랜차이즈 회사로 창업해서는 당연히 고객 유치의 경쟁력에서 밀리게 된다. 따라서 창업의 비용이 동일하거나 또는 약간 차이가 나는 경우에는, 상권에서 브랜드의 힘이 보다 강하게 작용하는 프랜차이즈 회사를 선택하여야 한다. 브랜드의 힘이 강한 프랜차이즈 회사를 선택하기 위해서는 먼저 해당 상권 및 입지를 이용하는 고객의 프랜차이즈 회사 브랜드 선호도를 조사하여야 한다. 상권 및 입지에 따라 고객의 브랜드 선호도가 다를 수 있기 때문이다.

∷ 프랜차이즈 회사의 선택 시에 확인하여야 할 사항

앞서 언급한 프랜차이즈 가맹 창업 시에 고려할 사항으로 2~3개 정도의 프랜차이즈 회사로 압축한 후에, 각종 확인 작업을 거쳐서 최종적으로 하나의 프랜차이즈 회사를 선택하여야 한다. 확인 작업은 가맹점의 현장 확인과 프랜차이즈 회사의 확인으로 나눌 수 있다.

∷. 현장의 확인

프랜차이즈 회사의 올바른 선택을 위하여 1차로 선택한 2~3개 프랜차이즈 회사의 각 가맹점 별 현장 확인이 필요하다. 이때 가맹점의 현장 방문은 각 프랜차이즈 회사 별로 2~3개 정도가 적당하다. 현장 방문 시에는 주마간산 보듯이 해서는 안 된다. 정확한 실태 파악을 위해 프랜차이즈 가맹점의 현 운영 실태를 꼼꼼히 확인하여야 한다.

먼저 현재 프랜차이즈 가맹점을 운영 중인 사업주와 이용 고객 등의 솔직한 의견을 들을 필요가 있다. 프랜차이즈 창업의 성공 여부는 현재 가맹점을 운영 중인 가맹점주의 고견과 이용 고객의 의견을 얼마나 잘 듣고 이행했느냐에 따라 결정될 수도 있기 때문이다.

● 현장의 주요 확인 사항

– 창업의 비용
– 평균 매출액 및 이익률
– 본사의 지원 사항 및 이에 대한 불만 사항
– 점포 운영 시의 애로 사항 및 문제점
– 점포 운영의 핵심 포인트
– 이용 고객의 각종 의견 청취(좋은 점과 나쁜 점 포함)

∷. 프랜차이즈 회사의 확인

많은 프랜차이즈 회사가 새로이 생겨나고 또한 사라지고 있다. 프랜차이즈 회사가 없어지는 이유는 프랜차이즈 회사가 개발한 새로운 업종 및 아이템이 고객으로부터 외면을 받기 때문이기도 하지만, 자금력 및 운영 능력 부족과 한탕주의에 빠져 있는 일부 부도덕한 프랜차이즈 회사의 임직원 때문이기도 하다.

프랜차이즈 회사가 없어진다는 것은 프랜차이즈 회사에 거의 전적으로 의존하는 가맹점 입장에서는 날벼락 같은 것이다. 제대로 된 프랜차이즈 회사인지를 예비 창업자는 꼼꼼히 확인하여야 한다. 프랜차이즈 성공 창업을 위해서는 신뢰할 수 있는 프랜차이즈 회사를 고르는 일이 무엇보다 중요하기 때문이다. 따라서 해당 프랜차이즈 회사에 대한 직접 조사뿐만 아니라, 공정거래위원회와 한국프랜차이즈협회 등 유관기관을 통하여 각 프랜차이즈 회사의 경영 상태 등을 전반적으로 확인하여 제대로 된 프랜차이즈 회사를 선정해야 한다.

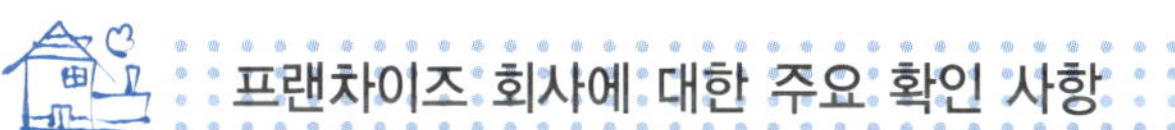

● 회사의 정보 공개서

- 일반 현황 및 재무 상황
- 가맹 사업 현황
- 직영점 및 가맹점의 현황(3년간)
- 가맹점의 폐업률
- 영업 지역 보호 여부

● 각종 계약 사항

- 계약 및 해약 요건
- 인테리어 비용 및 각종 설비 구입 내용
- 마진율
- 반품, 환불 조건 및 애프터서비스 관련 사항
- 가맹 비용
- 보증금 및 보증금 환불 조건
- 계약 갱신 조건

● 임직원의 경력 및 비전 등

사업자등록증, 법인등기부등본 등 각종 서류 및 면담을 통하여 임직원의 경력, 도덕성 및 비전 등을 확인할 필요가 있다. 프랜차이즈 사업 관련자 중에는 체인 사기, 신용불량자 등의 전력이 있는 임직원이 일부 있기 때문이다.

프랜차이즈 회사의 원활한 운영을 위한 조직이 제대로 구성되어 있는지 점검하여야 한다.

회사에서 가맹점에 제공하는 원·부재료의 물류 시스템을 확인하여야 한다. 되도록이면
자체 물류 시스템이 잘되어 있는 회사를 선택하는 것이 바람직하다.

가맹점주 및 종업원의 교육, 홍보 및 마케팅의 실시 및 지원, 경영지도 등 본사가 지원하
는 사항을 확인하여야 한다.

프랜차이즈 창업의 주요 피해 사례

프랜차이즈 창업은 초보 창업자 등 예비 창업자에게 보다 손쉬운
창업과 점포의 운용, 그리고 이미 검증된 사업성 등 여러 장점이 있
어 많은 예비 창업자가 선호하고 있는 창업 형태 중의 하나임에는 틀
림없다. 그러나 한편으로는 많은 문제점이 있는 것이 또한 프랜차이
즈 창업의 현실이다.

프랜차이즈 창업을 생각하고 있는 예비 창업자는 창업 전에 자신
이 창업하고자 하는 해당 프랜차이즈 회사의 가맹점 사업주를 직접
만나서 어떤 문제점 등이 있는지를 확인할 필요가 있다. 이에 확인된
문제점에 대해서는 성공 창업에 장애가 될 만한 사항인지, 아니면 예
비 창업자 자신이 극복하고 대처할 수 있는 사항인지 등에 대한 면밀

한 검토가 필요하다.

프랜차이즈 창업의 주요 피해 사례는 다음과 같다.

– 부실한 경영 등으로 본사의 부도, 또는 고의 부도로 인한 가맹금 등 금전적 손실과 각종 지원 중단으로 사업 지속이 어려움.
– 영업 지역 보호 미흡 및 영업 지역 중복 등으로 고객 분산 및 이에 따른 매출 감소
– 본사의 잘못된 상권 조사로 예상보다 낮은 매출, 또는 적자 발생
– 각종 지원(홍보 및 마케팅, 물류 배송, 교육 등)이 계약 시의 약속과 다르게 지원됨.
– 계약 갱신 시에 점포의 인테리어 변경 요구 및 미이행 시에 재계약 거부
– 점포의 양도 시에 본사와 협의토록 함으로써, 점포의 양도가 수월하지 않음.

프랜차이즈 분쟁의 해결 방법

프랜차이즈 창업에서 분쟁이 발생되었을 경우에는 한국공정거래조정원(www.kofair.or.kr)을 이용하는 방법이 있다. 이 기관을 이용한 분쟁 조정 시에는 소요 비용이 없이 단기간에 프랜차이즈 회사와 가맹점 간의 분쟁 해결이 가능하다.

프랜차이즈 가맹점의 경영

독립 창업이건 프랜차이즈 창업이건 결국 점포를 이끌어 가는 것은 점포주의 몫이다.

프랜차이즈 가맹점의 경우에는 독립 점포보다 프랜차이즈 본사의

통제 등으로 완전 자율 경영은 할 수 없으나, 그래도 상당 부분은 가맹점의 자율 경영이 가능하다. 일반적으로는 동일 프랜차이즈 회사의 가맹점인 경우에는 상권 및 입지가 좋은 가맹점일수록 매출액이 높고, 이와는 반대로 열악한 상권 및 입지의 가맹점은 매출액이 낮다. 또 동일 업종 및 아이템의 프랜차이즈 회사 간에도 브랜드의 경쟁력이 높은 가맹점은 매출액이 높고, 이와는 반대로 브랜드의 경쟁력이 낮은 가맹점은 매출액이 낮게 나타난다.

그럼에도 불구하고 많은 가맹점에서는 반대 현상이 일어나고 있는 것이 현실이다. 이러한 현상이 일어나는 이유는 가맹점주의 경영 능력 차이 때문이다. 따라서 프랜차이즈 창업을 생각하고 있는 예비 창업자나 현재 가맹점을 운영 중인 사업주는 프랜차이즈 회사에 너무 의존하지 말고, 자신이 탁월한 경영 능력을 갖출 수 있도록 하여야 한다.

탁월한 경영(경영 편 참조)만이 독립 창업과 마찬가지로 프랜차이즈 창업을 성공으로 이끌 수 있음을 잊어서는 안 된다.

도움을 주신 분들

HANJIN 한진화학(주)

대표이사 : 안성철
주요 생산품 : 각종 도료(핸드폰용, 플라스틱, 악기용, 선박/중방식, 건축용 등)
전화 : 031-428-2800   팩스 : 02-864-3031
주소 : 경기도 의왕시 고천동 333
홈페이지 : www.hjci.co.kr

신동페인트 신동페인트공업(주)

대표이사 : 신진영
주요 생산품 : 각종 도료(건축용, 산업용, 목공용, 중방식용, 선박, 희석제 등)
전화 : 031-492-4541   팩스 : 031-491-5936
주소 : 경기도 안산시 단원구 성곡동 642
홈페이지 : www.sdpaint.com

(주)오성엔지니어링 (주)오성엔지니어링

대표이사 : 박승부
주요 생산품 : 공장용 가구(공구함, 보관함, 적치대, 공구걸이), 클린사업품목, 판금, 크린룸 사업
전화 : 031-433-1900   팩스 : 031-433-1902
주소 : 경기도 시흥시 정왕동 시화공단 2바 802호
홈페이지 : www.oskorea.co.kr

(주)한국산업안전컨설팅

전무이사 : 박춘관
주요 업무 : 제조 및 건설 사업장 안전관리 대행
전화 : 031-413-4717   팩스 : 031-413-4719
주소 : 경기도 안산시 단원구 선부동 서울프라자 705호
이메일 : kisc-park@hanmail.net

SAMHWA 삼화페인트 태양상사(시화대리점)

대표이사 : 신익형
주요 납품 품목 : 각종 도료(공업용, 건축용, 분체, 플라스틱, 중방식, UV경화용, 바닥용, 특수도료)
옥상 방수공사 및 각종 도장공사 전문, 각종 공구 및 잡자재 전문점
전화 : 031-498-7823   팩스 : 031-498-7824
주소 : 경기도 시흥시 정왕동 1804-9
이메일 : ty17041@yahoo.co.kr